D1577750

La meditación
BUDISTA

Si este libro le ha interesado y desea que lo mantengamos
informado de nuestras publicaciones, escríbanos indicándo-
nos qué temas son de su interés (Astrología, Autoayuda,
Naturismo, Nuevas terapias, Espiritualidad, Tradición,
Qigong, PNL, Psicología práctica, Tarot...) y gustosamente lo
complaceremos.

Puede contactar con nosotros en
comunicacion@editorialsirio.com

Diseño de portada: Editorial Sirio, S.A.

©   Ramiro A. Calle

©   de la presente edición

EDITORIAL SIRIO, S.A.	**EDITORIAL SIRIO**	**ED. SIRIO ARGENTINA**
C/ Panaderos, 14	Nirvana Libros S.A. de C.V.	C/ Paracas 59
29005-Málaga	Camino a Minas, 501	1275- Capital Federal
España	Bodega nº 8 , Col. Arvide	Buenos Aires
	Del.: Alvaro Obregón	(Argentina)
	México D.F., 01280	

www.editorialsirio.com
E-Mail: sirio@editorialsirio.com

I.S.B.N.: 978-84-7808-673-3
Depósito Legal: B-43.036-2009

Impreso en los talleres gráficos de Romanya/Valls
Verdaguer 1, 08786-Capellades (Barcelona)

Printed in Spain

*Cualquier forma de reproducción, distribución, comunicación pública o transformación de esta
obra sólo puede ser realizada con la autorización de sus titulares, salvo excepción prevista por la
ley. Diríjase a CEDRO (Centro Español de Derechos Reprográficos, www.cedro.org) si necesita
fotocopiar o escanear algún fragmento de esta obra.*

RAMIRO CALLE

La meditación
BUDISTA

WITHDRAWN

editorial **S**irio, s.a.

AGRADECIMIENTOS

Mi gratitud para Pilar Llanes y Antonio López Bayo por su amistad y confianza; asimismo para la profesora de yoga Almudena Haurie Mena, que me prestó su preciosa cooperación para poder entrevistar a los más destacados monjes budistas y grandes maestros de Sri Lanka (entre ellos Ananda Maitreya, Piyadassi Thera, Nyanaponika, Kassapa Thera, Madihe, Narada Thera, Walpola Rahula y otros). Mi agradecimiento para mi admirado venerable Mahinder, abad del monasterio Vajirarama de Colombo, por atender pacientemente todas mis preguntas cada vez que le visito. Estoy siempre en deuda de gratitud con esa bella persona, amigo del alma y gran escritor que es Jesús Fonseca, al que tanto quiero y admiro. Gracias a Nacho Cano por su amistad y plena confianza –él

7

mismo se ha convertido en un asiduo y entusiasta practicante de meditación *vipassana*, y no pierde ocasión para difundir las excelencias de las sabidurías de Oriente–. Hago extensivo ese agradecimiento a Miguel Ángel Sánchez, formidable amigo y gran persona, con una bondad admirable e inspiradoramente contagiosa.

Ahora bien, Ananda, cuando yo ya no esté, se os podría ocurrir pensar: «Acabada es la palabra del maestro, ya no tenemos maestro». Pero no es así, no, como debéis pensar. La Enseñanza (*Dhamma*) y la disciplina (*Vinaya*) que yo os he impartido, Ananda, serán vuestro maestro cuando yo haya muerto.

Que cada uno de vosotros sea su propia isla, cada uno su propio refugio, sin tratar de acogerse a ningún otro. Que cada uno de vosotros tenga la Enseñanza por isla, tenga la Enseñanza por refugio, sin tratar de acogerse a ningún otro.

Monjes, todo esto que yo he comprendido por experiencia propia, que os he enseñado y que vosotros habéis aprendido, todo esto hay que practicarlo, hay que cultivarlo y ejercitarlo con asiduidad, para que esta misma vida de pureza se conserve y perdure mucho tiempo, para bien y felicidad de muchos, por compasión del mundo, para el bien y la felicidad de todos los seres humanos y divinos.

BUDA

INTRODUCCIÓN

La meditación *vipassana* es un tipo muy especial de meditación que fue ampliamente mostrada por Siddharta Gautama, Buda, a lo largo de su prolongado ministerio, y que complementa la meditación *samatha*. La meditación *samatha* es de concentración y sosiego, y la *vipassana* lo es de visión profunda, clara y penetrativa. La meditación *samatha* era muy practicada ya muchos siglos antes del nacimiento de Buda, pero la meditación *vipassana* la elaboró el Maestro de una manera extraordinaria y se inspira sobre todo en el célebre texto denominado *Satipatthana Sutta* o Sermón de los Fundamentos de la Atención.

Siddharta Gautama, Buda, alcanzó la liberación definitiva de la mente mediante la práctica incansable de la meditación *vipassana*, que reporta un modo supraconsciente de ver las cosas y su última naturaleza, poniendo fin a las corrupciones de la mente.

El mismo término *vipassana* ya es altamente orientativo. Significa visión penetrativa y justa, visión clara y cabal, visión, en suma, de lo que es tal cual es. Para ver lo que es tal cual es, se requiere una percepción pura, una atención libre de juicios y prejuicios y una cognición profunda. La persona que no se ha entrenado no dispone de una mente así y por eso tiene que adiestrarse para purificar la percepción, activar la atención consciente y pura, desarrollar la cognición fiable y finalmente ver de manera penetrativa las cosas como son. Por eso Buda, en un célebre sermón, les dijo a sus discípulos: «Venid y mirad». Mirad lo que es y no lo que uno piensa, cree, sospecha, supone o presupone que es. Para conseguir esa visión penetrativa y esclarecedora, *vipassana* (que para Patanjali, el sabio del yoga, era la visión pura), se requiere un ejercitamiento y éste es la meditación *vipassana*, que nos enseña a ver lo que es y empieza por hacerlo tomando como objetos de atención los componentes de la organización psicosomática del ser humano, ya que para Buda en este cuerpo-mente se encuentra el mundo. Somos un universo en miniatura o microuniverso, y las mismas leyes que rigen en el cosmos lo hacen en la persona.

En estos últimos años se ha centuplicado el interés por la meditación en todas sus formas y, por supuesto, por la meditación *vipassana* o de visión cabal, que no exige ningún tipo de creencias y se mueve por experiencias, siendo tanto de ayuda para el cristiano como para el budista, el creyente o el agnóstico, los jóvenes o los ancianos, las personas de cualquier condición que quieran otorgarle a su mente sosiego y comprensión clara, y que aspiren a liberarla de sus trabas y oscurecimientos.

He concebido esta obra de una manera que pueda ser muy útil y provechosa para el lector. La divido en varias partes:

— Un breve apunte sobre la vida de Buda, ya que los lectores interesados en profundizar en su vida y sus hechos pueden recurrir a mi obra *Buda, el príncipe de la luz* en esta misma editorial.

— Una exposición sucinta de las enseñanzas más medulares de este gran maestro, el hombre más lúcido de su época, investigador, como nadie, de la mente humana y el sufrimiento, que fue distinguido con el término de *buda*, que quiere decir iluminado. Ha sido uno de los más grandes sabios de la humanidad, y cada día su figura adquiere más relevancia y eco. Esta exposición es lo más clara y sintetizada posible, y nos permite tener unos conocimientos necesarios de las enseñanzas budistas, que son los pilares en los que se basa la meditación *vipassana*. Aunque la meditación es una experiencia directa y no tiene que verse ni mucho menos condicionada por creencias. *Samatha* y *vipassana* se complementan, y la primera nos permite la unidireccionalidad de la conciencia y ecuanimidad. Y además de que la meditación *samatha* coopera con la *vipassana*, todos los numerosos maestros que he entrevistado al respecto consideran que *samatha* tiene un gran poder para purificar y debe ser preferiblemente alternada con la *vipassana*, o utilizada como soporte o preliminar.

— La segunda parte de la obra está dedicada a exponer todo al respecto de las dos ramas de meditación: su alcance, sus efectos y, sobre todo, sus técnicas. Existen diferentes métodos de meditación *vipassana* y haré referencia a los más destacados, aunque todos son importantes, y los maestros han optado por uno u otro según su propia experiencia y lo que ellos han hallado más conveniente. Aunque la meditación *vipassana* es una como tal, hay distintas maneras de enfocarla, poniendo el maestro el énfasis en unos u otros aspectos.

Durante muchos años he viajado incansablemente por los países de Asia, en busca de grandes mentores y monjes notables que poder entrevistar y de los que recibir enseñanzas. Parte de ellos de Sri Lanka, país que he visitado en numerosas ocasiones y que ha custodiado, con mayor o mejor fortuna, pero siempre, las genuinas enseñanzas de Buda, es decir, el *Dharma*. A lo largo de los años he viajado a todos los lugares conectados estrechamente con la vida de Buda (Sarnath, Kusinagar, Lumbini y otros) y me he desplazado también para seguir las huellas de la Enseñanza a Nepal, Japón, Bután, Tailandia, Birmania y otros países budistas.

Esta obra también incluye valiosas palabras de los textos más significativos y orientadores de la Doctrina, que siempre son una guía directa y desde luego una excelente fuente de inspiración. Recojo en especial palabras de textos que forman parte del *Canon Pali*.

Cualesquiera que sean las creencias de una persona, o aunque no tenga ninguna, todos podemos encontrar en la meditación una práctica transformativa y reveladora que le dará un propósito a la vida humana y que nos mostrará el modo de encender nuestra propia lámpara interna y, sobre todo, encontrar ese refugio interior al que exhortaba Buda, puesto que él declaraba sabiamente:

TÚ ERES TU PROPIO REFUGIO,
¿QUÉ OTRO REFUGIO PUEDE HABER?

NOTA: para contactar con el autor, dirígete a su Centro de Yoga en la calle Ayala 10, de Madrid, o a su web: www.ramirocalle.com.

PRIMERA PARTE

I

Buda, en pos de la
ILUMINACIÓN

Buda quiere decir «el que sabe», el iluminado. Se aplica el término a aquel que ha despertado definitivamente. Siddharta Gautama, nacido en el siglo VI antes de Cristo, en Kailavastu, la capital del país Sakya, renunció a los veintinueve años a la vida mundana y se dedicó por entero a la búsqueda de la Realidad. En Bodh Gaya, en el estado indio de Bihar, obtuvo, después de seis años de infatigable trabajo sobre sí mismo, la iluminación, realizando así su definitiva budeidad y convirtiéndose en un buda viviente, que durante cuarenta y cinco años habría de impartir el *Dhamma* (doctrina de liberación) a los otros. Buda percibió supraconscientemente que «los hechos son incontrovertibles y la ley de causa y efecto es siempre la misma: todo lo constituido es impermanente, todo lo constituido entraña sufrimiento, todo lo constituido es sin entidad».

El budismo original o de viejo cuño, es decir, el budismo *theravada*, es una Enseñanza excepcionalmente directa, escueta, inteligente y precisa. Buda supo desarrollar, como muy pocos otros maestros, el camino de la inteligencia y del corazón. Fue más lejos en su investigación de cuanto pueda suponerse. Como indica mi buen amigo y compañero en el *Dhamma*, Amadeo Solé-Leris, «lo que enseñaba el Buda era, y sigue siendo, algo muy alejado de las abstracciones: un método de perfeccionamiento ético-psicológico que deja de lado deliberadamente la metafísica y la teología para concentrarse en lo concreto que cada cual puede y tiene que hacer por cuenta propia —sin que nadie pueda hacerlo por él—, para emprender el camino de la mente serena y perfeccionarse en él». Con concreción asombrosa y sagacidad extraordinaria, la Enseñanza de Buda ayuda a poner las condiciones para que la mente, liberada de todas las negatividades y capaz de percibir las cosas tal cual son desde su prístina pureza, pueda conquistar la Sabiduría.

Es budismo es, indudablemente, uno de los más grandes sistemas soteriológicos originados en la India. Se propagó por buena parte de los países asiáticos y desde hace más de un par de siglos comenzó a despertar un notable y creciente interés por parte de innumerables occidentales. De la genuina Enseñanza de Buda (que es el núcleo de todas las escuelas budistas y que ha recogido en su máxima pureza el budismo *theravada*), han surgido y se han alimentado todos los diferentes vehículos, sectas y escuelas budistas.

El yoga es muy anterior a Buda; él mismo se sirvió de muchas de sus técnicas y recurrió a recibir enseñanzas de maestros de yoga, convirtiéndose al final en un *mahayogui*,

gran yogui. El yoga es el eje espiritual de Oriente y un método de liberación suprarreligioso cuyas técnicas han sido, por
fortuna, recogidas por todas las vías de autorrealización de
Oriente. Sirviéndose de ellas, pudo Buda madurar y evolucio-
nar lo suficiente para desde ahí descubrir la meditación de la
visión penetrativa, *vipassana*, capaz de reportar el conocimiento cabal y liberador, aquel que hace posible la captación del
modo final de ser de todas las cosas y que Buda definió como
insatisfactorio, impersonal y transitorio, siendo tales las tres
características básicas de la existencia.

Nadie como Buda tuvo un conocimiento tan preciso del
ser humano y nadie como él supo ver y exponer el origen del
sufrimiento, proporcionando un sendero para poner fin a
toda tribulación. Él supo mostrar con destreza admirable el
camino para que todos podamos realizar nuestra budeidad,
para que cada uno de nosotros pueda despertar. Tener ese
propósito representa el mayor significado que podamos pro-
curarle a la existencia humana. Cada uno deberá encender su
propia lámpara, porque así también colaborará en encender la
de los demás.

La figura de Siddharta Gautama Buda es impresionante.
Su vida, una proeza. Sus logros, excepcionales. Era un cono-
cedor profundo de la mente humana, investigador incansable
del sufrimiento y los procedimientos para que el sufrimiento
cese, dueño de una inquebrantable voluntad para conquistar
la naturaleza búdica y el despertar, maestro respetuoso y tolerante, ideal del buscador honesto, prototipo de hombre realizado. Después de sus tres célebres salidas más allá del pala-
cio, que le permitirían enfrentarse con el sufrimiento cara a
cara, sin clemencia, descubre la enfermedad, la vejez, la muerte. Emprende entonces el camino de la renuncia. Abandona la
vida mundana, quiebra sus lazos familiares y sociales, se aboca

a una búsqueda interior implacable. Se convierte en renunciante, mendiga sus alimentos, se somete a una ascesis cruel y prolongada. Años de privaciones y austeridades, autoauscultamiento y éxtasis, denodados esfuerzos por hallar la Comprensión, extenuación y mortificación. Sin embargo, esta aventura de una ascesis despiadada no le conduce al Despertar.

No obstante, todos esos años de trabajo sobre sí mismo no han sido estériles; son el preludio de la iluminación definitiva. Todavía falta el gran salto para alcanzar la otra orilla, pero ha obtenido un grado de madurez y emancipación interior que le coloca en el último tramo de la gran carrera hacia el Nirvana. Suspende sus prácticas de ascesis y come un pastel de arroz que le ofrece una joven llamada Sudjata. Cierto día baña su cuerpo en el río Niranjana y toma asiento bajo una higuera (el Árbol de la Ciencia). Se dice: «Aunque se seque mi piel, aunque mi mano se marchite, aunque mis huesos se disuelvan, mientras no haya podido penetrar en la sabiduría, no me moveré de este sitio». Anochece.

Allí en soledad, abismado en sí mismo, permanece Siddharta, después de años de un gigantesco y agotador trabajo. Durante la primera vigilia tiene conocimiento de sus anteriores existencias y puede disipar la ilusión. En el transcurso de la segunda vigilia, logra el conocimiento intuitivo de la naturaleza del mundo. La tercera vigilia le reporta el conocimiento de la ley de causación, y se dice: «¡En verdad qué miserable es este mundo! Millones de seres que envejecen y mueren, y renacen para envejecer y morir otra vez». Y a través de la Visión Penetrante obtiene el conocimiento intuitivo de que la ignorancia es la que genera otras causas productoras de dolor. Y sabe que la causa de la vejez y la muerte son el nacimiento y sobre todo el deseo de nacimiento, resultado todo ello de la nesciencia.

Se percata del nivel intuitivo de las características básicas de la existencia: sufrimiento, impersonalidad, impermanencia. Y al alba, obtiene la iluminación definitiva, se manifiesta su budeidad y permanece en estado de inefable paz. Después se cuestiona si debe dar comienzo o no a una vida pública que le permita llevar a los demás las verdades por él alcanzadas. Un sentimiento de profunda compasión que ni siquiera podemos sospechar le induce a volver al mundo para impartir la Enseñanza. Y así pronuncia no mucho después su trascendental Sermón de Benarés, en Sarnath, que comienza diciendo: «Abrid los oídos, monjes. El camino está hallado. Escuchadme». Y se extendió sobre el sufrimiento universal y su cesación, e insistió en ese camino del medio que se encuentra justamente entre el ascetismo y la vida hedonista o la indulgencia sensorial.

A partir de ahí, estuvo cuarenta y cinco años propagando la Enseñanza. En palabras suyas:

> El hombre nace solo, vive solo. Y es él quien se abre el camino que puede conducirle al Nirvana, al maravilloso reino del No-ser, del No-ser más.

Mahayogui, sabio entre los sabios, respetuoso para con todos los credos y cultos, capacitado para hablar según el nivel de madurez e inteligencia de sus oyentes. Mucho se ha especulado sobre si Buda guardó o no un conocimiento esotérico y más elevado para los iniciados. Él indicó expresamente que no había guardado nada en puño cerrado. Se refería, sin duda, a nada valioso a propósito de la Enseñanza, nada necesario para alcanzar la Liberación.

Innegablemente, mostró lo fundamental (sin perderse jamás en vanas especulaciones, en acrobacias metafísicas), pero según el grado de evolución, unos le entendieron con mayor lucidez que otros, con mayor penetración. Que Buda sabía definitivamente más que aquello sobre lo que hablaba, esto también es indiscutible; pero a él le interesaba especialmente exponer el sufrimiento y el cese del sufrimiento; diagnosticó el mal y ofreció la medicina contra ese mal. Todo lo demás no era práctico ni necesario. Él mostraba el conocimiento liberador, el camino hacia el Nirvana. Todo lo demás era poco útil, hasta superfluo. La suya es la enseñanza de lo real, sin ambages ni aditamentos.

La vida produce sufrimiento. Él jamás se perdió en divagaciones o abstracciones. Fue por encima de todo concreto y todas sus instrucciones estaban encaminadas al Despertar. En cierta ocasión tomó un puñado de hojas y dijo:

> Lo que enseñé es comparable a las hojas que tengo en mi mano. Lo que no enseñé es comparable a la totalidad de las hojas de este bosque.

No hay nada en su Enseñanza que no resulte esencial, que no sea luz para disolver la oscuridad. ¿Para qué queremos conocer los principios del universo si no nos conocemos a nosotros mismos? El conocimiento libresco, la erudición, la información cultural pueden ser una gimnasia mental, prestar cierta ayuda, pero no nos liberan del dolor. Sin embargo, sus instrucciones tenían una finalidad específica: extinguir el deseo y el apego y llevar al ser humano hasta su propia budeidad. Nadie valoró tanto al hombre como él. Sabía que estaba ciego por la ignorancia, pero también sabía que él por sí mismo podía superar esa ignorancia y desembocar en la última realidad. Respetaba a todos.

No hacía distinción de creencias, razas o castas. Consideraba que todo hombre es potencialmente un buda, que no hay hombres perversos, sino ignorantes, cegados por el polvo de la ilusión. Cada uno puede, con su propio esfuerzo, despertar. Se trata de un trabajo personal, necesariamente personal. El *Parinibbana Sutta* recoge las siguientes palabras del Iluminado: «Morar consigo mismo como una isla, consigo mismo como refugio. Morar con el *Dhamma* como una isla, con el *Dhamma* como un refugio. No buscar ningún refugio externo». Respetaba profundamente la inteligencia primordial. Nada de creencias gratuitas o preestablecidas, nada de dogmatismos. El hombre debe comprender y sólo aceptar después de haber comprendido. Ha de utilizar su inteligencia y penetrar la Doctrina mediante esa inteligencia intuitiva, y determinar sus propios actos a través de la inteligencia clara. Inquirir, indagar, desarrollar la comprensión profunda hasta lograr la experiencia directa, la visión profunda (*vipassana*).

Buda decía:

Depender de los demás para la Liberación es negativo; depender de uno mismo, positivo.

Otros más avanzados pueden enseñarnos, pero a la postre uno es su propio maestro y su propio discípulo. Jamás Buda sometió a nadie, jamás cultivó dependencias perjudiciales para el discípulo. Él era un hombre. Logró un elevadísimo grado de evolución, pero nunca se hizo pasar por un ser de naturaleza divina o sobrenatural. Era humilde, sereno y enseñaba el Camino que él mismo había tenido que recorrer para realizar la budeidad. Él lo había recorrido, eso es todo. Amante por encima de todo de la no violencia y de la reconciliación, trabajó durante muchos años por ofrecer una enseñanza que contiene en sí misma ética superior, mística, una actitud vital, psicología profunda, filosofía liberadora y, sobre todo, medios para alcanzar la Liberación, para desencadenar la Suprema Sabiduría. Estos medios o procedimientos son tan aplicables hoy en día como hace dos mil quinientos años. Sirven igualmente para el budista, el creyente de otro sistema religioso o el agnóstico. Pueden ser perfectamente incorporados a la vida cotidiana. El budismo como tal no tiene ningún tipo de exigencias religiosas, ni demanda ningún tipo de «conversión» propiamente dicha, ni es en absoluto proclive a ritos y ceremonias. El aspirante inteligente sabe que todo puede ser utilizado para ayudar a la mente en su orientación y concentración: arreglar un ramo de flores, preparar una taza de té o dar un paseo por el parque.

El ritual es útil si de verdad sirve para crear estados positivos de ánimo y canalizar la mente, y por supuesto, para aquellos que tengan necesidad de él. A través del ritual, el budista preparado sabe que no se trata de pedirle nada a Buda, porque lo que hay que hacer es convertirse en Buda, pero ciertamente una atmósfera cuidada puede colaborar con la mente, evitar su dispersión, crear con más facilidad estados anímicos elevados. Ahora bien, somos los únicos responsables de nosotros mismos y con Buda no se puede llegar a ninguna negociación. Es un símbolo, pero no una imagen que deba ser adorada en el sentido tradicional de la palabra. En todos nosotros está la budeidad y Buda nos invita a convertirnos en su igual. El Noble Sendero es el puente que tiende hacia lo Incondicionado, hacia lo Transtemporal.

Antes de su muerte y la entrada en el *Parinirvana*, Buda se dirigió a sus discípulos para decirles:

No existe en todos los universos visibles o invisibles más que una sola potencia, sin comienzo, sin fin, sin otra ley que la suya, sin predilección, sin odio. Ella mata y ella salva, sin otro objeto que el de realizar el destino. La muerte y el dolor son las lanzaderas de su telar; el amor y la vida, sus hilos. Pero no intentéis con el pensamiento resolver lo impenetrable; el que interroga se equivoca, el que responde se equivoca. Nada esperéis de los dioses despiadados, sometidos ellos mismos a la ley del karma, que nacen, envejecen y mueren para renacer y no han conseguido superar su propio dolor. Esperadlo todo de vosotros mismos.

II

La conquista del
NIRVANA

El objetivo último del sendero budista es la conquista del Nirvana. Todos los esfuerzos del aspirante son en última instancia para ganar el Nirvana, que representa el fin del sufrimiento, poniéndose término a las corrupciones de la mente. Es la iluminación y la emancipación. Pero todo lo que se diga sobre ese estado de conciencia supramundana, mucho más allá de la conciencia ordinaria, no son más que aproximaciones, pues las palabras son muy limitadas, como los conceptos, y no se puede ir por el pensamiento a lo que está mucho más allá de él.

El Nirvana es la extinción del sentimiento de ego y por tanto de la avidez, el odio y la ofuscación, de todas las trabas y oscurecimientos de la mente. Es libertad perfecta. El que lo conquista, mientras sigue inmerso en sus cinco agregados, vive en el mundo, pero no es del mundo y en su mente han sido aniquiladas las raíces de lo insano (ofuscación, avidez y odio). Es el resultado de una trasformación formidable, que viene dada mediante la observancia estricta del Noble Óctuple Sendero, y el que lo gana ya no genera karma y no tendrá que renacer en ningún reino, pues es extinción, pero no en el sentido nihilista. Nadie puede saber qué sucede con el *arahat* (iluminado) después de la disolución de sus agregados. En el *Sutta Nipata* podemos leer:

> El Nirvana no es un estado irreal, pues los Nobles conocen su realidad. Pero al vislumbrar esa realidad, se extinguen sin deseos.

Podríamos preguntarnos: ¿adónde va al extinguirse la llama de una vela? Lo cierto es que los impulsos de vida se acaban y por eso no hay posible renacimiento. La persona que experimenta el Nirvana se sale del *samsara*, la rueda de los nacimientos y de todo lo fenoménico. Es un estado supramental que escapa a toda descripción. El *Majjhima Nikaya* especifica:

> Y resulta también difícil comprender el apaciguamiento de todo lo condicionado, la renunciación de toda sustancia contingente, la extinción del deseo, el desapasionamiento, la cesación, el Nirvana.

Por su parte, en el *Anguttara Nikaya* se nos dice:

> Eso es paz, el acabarse de todo lo constituido, el abandono de los fundamentos de la existencia, el desvaimiento y aniquilamiento del deseo, el Nirvana.

Es difícil decir lo que es y lo que no es ese estado supramundano, esa experiencia que trasciende incluso todo lo cósmico y constituido. El que lo obtiene ya no retorna. El Nirvana es lo único no causado, no nacido, no constituido. La razón es totalmente insuficiente para entenderlo. El que lo gana se ha convertido en un *arahat*, en un ser especial, totalmente descondicionado y libre, aquel que se ha emancipado con definitivo carácter. Todo lo que sobre él se pueda decir tras su muerte son palabras. Nadie puede penetrar ese insondable misterio, excepto el *arahat*. Buda dijo:

> No he revelado que el *arahat* exista después de la muerte, no he revelado que no exista, no he revelado que a un mismo tiempo exista y no exista después de la muerte, ni tampoco que exista ni deje de existir después de la muerte. ¿Y por qué no he revelado tales cosas? Porque, oh Malunkyaputta, no son edificantes, ni están relacionadas con la esencia del *Dharma*, ni tienden hacia la modificación de la voluntad, la ausencia de pasiones, la creación, el descanso, hacia las facultades más elevadas, la suprema sabiduría ni el Nirvana. Por lo tanto no las he revelado.

Como el Nirvana escapa al entendimiento del pensamiento binario, el mismo Buda se refería a él en términos muy especiales. Dijo:

> Hay, monjes, algo no nacido, no originado, no creado, no constituido. Si no hubiese, monjes, ese algo no nacido, no originado, no creado, no constituido, no cabría liberarse de todo lo nacido, originado, creado y constituido. Pero puesto que hay algo no nacido, no originado, no creado, no constituido, cabe liberarse de todo lo nacido, originado, creado y constituido. Pero puesto que hay algo

no nacido, no originado, no creado, no constituido, cabe liberarse de todo lo nacido, originado, creado y constituido.

Y también:

Hay, monjes, algo sin tierra, ni agua, ni fuego, ni aire, sin espacio ilimitado, sin conciencia ilimitada, sin nada, sin estado ni de percepción ni ausencia de percepción; algo sin este mundo ni otro mundo, sin luna ni sol; a éste, monjes, yo no lo llamo ni ir, ni venir, ni estar, ni nacer, ni morir; no tiene fundamento, duración, ni condición. Esto es el fin del sufrimiento.

El fin del sufrimiento: eso es lo esencial para nuestro limitado entendimiento. Y que hay un camino bien definido para conquistar el Nirvana y poner término a todo sufrimiento. Mediante el triple entrenamiento, la persona va haciéndose merecedora de ese estado supremo que es el fin de la desdicha y que extingue todo karma. Esa senda de perfecta pureza a la que exhorta Buda es para conseguir ese estado supramundano de la mente, que deviene cuando la ofuscación, la avidez y el odio son aniquilados. En el *Anguttara Nikaya* se nos dice:

Arrebatados por el apego, el odio y la ofuscación, los hombres, perdido el gobierno de la propia mente, se hacen daño a sí mismos, o hacen daño a los demás, o hacen daño a sí mismos y a los demás, sufriendo toda clase de dolores y aflicciones. Pero el que se ha apartado del apego, el odio y la ofuscación no se hace daño a sí mismo, no hace daño a los demás, ni se hace daño a sí mismo y a los demás, y no sufre ninguna clase de dolor ni aflicción. Esto, monjes, es el Nirvana, patente, inmediato, atendible, guía asequible a los sabios por el propio esfuerzo.

Aunque una persona no consiga el Nirvana, en la medida en que uno va purificándose y superando las corrupciones de la mente, va consiguiendo mucha paz y lucidez y se va liberando del grillete del ego y de muchas contaminaciones que perturban la vida interior y la exterior. Se van superando las aflicciones mentales y se va uno estableciendo en un fructífero desapego, que es causa de libertad interior y bienestar. En ese precioso libro que es el *Dhammapada*, leemos:

> Ciertamente hay un camino hacia la ganancia, pero el que conduce al Nirvana es otro muy distinto. Que los monjes, los discípulos de Buda, comprendan esto y no se deleiten en favores y honores mundanos, sino que cultiven el desapego.

El venerable Buddhadassa de Tailandia, ya fallecido, nos explicaba:

> *Nibbana* (Nirvana en sánscrito) ha sido traducido como «ausencia de todo instrumento de tortura». Tomado en otro sentido, significa «extinción sin remanente». Así la palabra *Nibbana* tiene dos significados muy importantes: primero, ausencia de toda fuente de tormento e irritación, libertad de todas las formas de esclavitud y represión; y segundo, extinción, sin combustible para próximos surgimientos de sufrimiento. La combinación de estos significados indica una condición de completa liberación del sufrimiento. Existen algunos otros significados útiles de la palabra *Nibbana*. Puede tomarse como la extinción del sufrimiento o la completa eliminación de las impurezas o el estado de serenidad, reino o condición que es la cesación de todo sufrimiento, toda impureza y toda actividad del *kamma* (karma en sánscrito).

El Buda definió *Nibbana* simplemente como aquella condición de liberación de la esclavitud, tormento y sufrimiento que resulta de ver la verdadera naturaleza de la condición mundana y de todas las cosas y que nos capacita para renunciar a todo apego a las mismas.

III

La ley del karma, el renacimiento y el origen DEPENDIENTE

Todo es transformación, sucesión de fenómenos condicionados, vida, muerte y renacimiento, rueda inexorable de forma tras forma, existencia tras existencia, ciclo de renacimientos. Tal es el *samsara*: el mundo fenoménico, que nos condiciona, nos envuelve, nos atrapa. Durante muchas existencias, de acuerdo con los budistas, nos deslizamos por el océano samsárico, renaciendo, impulsados por la volición (la avidez, la voracidad, el anhelo de vida, la «sed») a renacer una y otra vez. Deseamos prolongarnos, perpetuarnos, continuar. Y ciertamente, continuamos vida tras vida, regidos por la ley del karma o ley de la causalidad, determinados por nuestras acciones, alimentando apegos sobre apegos. Nos apegamos a lo material y lo inmaterial codiciamos, nos aferramos a nuestras ideas y pensamientos, a nuestros agregados. Cultivamos nuestra ansiedad, nuestra volición. Renacemos. Nuestro deseo muy intenso de seguir viviendo, de continuar siendo, es la gran fuerza, el impulso desmesurado que nos hace renacer. Nuestro último momento-pensamiento de la actual vida es el primer momento-pensamiento de la sucesiva, como la chispa que enciende el fuego. Pero ¿qué renace? Si para el budismo no hay una entidad permanente, si no hay un yo inmutable, ¿qué es lo que renace? De todos los procesos psicomentales y psicofísicos del individuo, ¿qué es lo que renace, lo que pasa de una vida a otra, lo que prosigue? Pues precisamente todas esas fuerzas físicas o mentales que ansían volver a tomar cuerpo. El cuerpo muere, pero esas fuerzas continúan. Impulsadas por la volición, por la «sed», por el ansia de manifestación y existencia, siguen adelante, conforman otros cinco agregados.

En estos agregados hay algo del anterior ser humano y sin embargo no es el mismo como tal. El apego, el ansia de perpetuación, la voluntad de existir son la dinamo que mueve sin cesar el *samsara* o ciclo de las existencias. No hay un ego o yo que renazca, pero la serie continúa. El último pensamiento condiciona el primer pensamiento. Así sucesivamente. ¿No ocurre lo mismo a cada momento en nuestra presente existencia? Creemos ser el mismo y somos diferentes y, sin embargo, no somos totalmente diferentes. Momentos-pensamientos, impulsos que se suceden, se corresponden y perpetúan, se propulsan. Las tendencias subliminales, las corrientes de conciencia, las tendencias volitivas originan la continuidad, la incesante serie de causas y efectos, la persistencia del carácter y la psiquis, cuyas energías no se extinguen con la muerte del cuerpo físico. Todo ese conjunto de elementos son impulsados por el karma para que renazcan. No podemos, pues, imaginar siquiera la de millones de tendencias que arrastramos a lo largo de nuestras innumerables existencias. Nuestra incapacidad para entender el sufrimiento, la impermanencia y la ayoidad, las contaminaciones y ataduras de la mente, las voliciones que acumulan karma originan que las fuerzas que configuran nuestro carácter y personalidad emprendan un largo peregrinaje que sólo se detendrá con la conquista del Nirvana.

Cada uno tenemos nuestro propio karma y podemos hacer de nuestro mundo interior un paraíso o un cautiverio, y aprovechar nuestra vida para adelantar la llegada al Nirvana o atrasarla indefinidamente. El karma lo hacemos de instante en instante, día a día. Buda decía:

> Los seres son dueños de sus actos, herederos de sus actos, hijos de sus actos; están sujetos a sus actos, dependen de sus actos; todo acto que cometan, sea bueno, sea malo, de aquel acto heredarán.

Cada acción hallará irremisiblemente su reacción, cada acto su efecto. Ésa es la Ley. Nada se pierde. Todo acto, todo pensamiento, toda palabra puede originar karma. Depende de nuestra intencionalidad, nuestra voluntad, nuestra volición. El apego origina karma, incluso los apegos laudables. Pero palabras, actos y pensamientos, impersonalidad, sin la carga del apego o la volición, son incoloros, neutros, no provocan karma.

Hay apegos nobles y apegos innobles, actos meritorios y actos negativos. Todos alimentan el *samsara*, pero lo positivo da por resultado lo positivo y lo negativo, lo negativo. Actos y palabras de naturaleza meritoria favorecen un renacimiento más favorable para la observancia y cumplimiento del *Dharma*, de alguna manera alisan el camino, pero no liberan si van acompañados de apego, de volición. La volición, siempre, genera impulsos que deben renacer. De ahí la insistencia en el absoluto desapasionamiento. Buenas acciones, buenos pensamientos, buenas palabras, pero sin egotismo, sin autorreferencia o infatuación, sin apego, para que no originen karma de cualquier signo. La fórmula: actuar lo mejor que sea posible, pero como si no se actuase, sin que el ego se interponga, sin acción egoísta. Según sea la acción así será el efecto. La Doctrina insiste constantemente en las buenas acciones. Somos como nos hemos hecho en anteriores existencias, aunque el que yo soy en estos cinco agregados no es el mismo que era en los cinco agregados de mis anteriores existencias. El yo es provisional. Pero la semilla que da por resultado el árbol ¿no está en cierto modo en ese árbol? La llama de una vela que enciende otra vela ¿no es también en esa otra vela?

Somos el producto de nuestras acciones pasadas y seremos el producto de nuestras acciones presentes. Ésta es la ley de causalidad moral que ha sido observada por todos los sistemas soteriológicos de Oriente. Nos liberamos nosotros mismos; nadie nos libera. Una causa meritoria origina un buen efecto; una causa o acto negativo desencadena un efecto de iguales características. Como sean las causas, serán los resultados, porque en toda causa está ya en sí misma el resultado. Ley ésta de retribución que no permite ninguna acción sin su reacción correspondiente. Cada uno debe asumir su karma (originado por anteriores actos mentales, verbales y corporales), y a partir de ahí irlo modificando inteligentemente y en lo posible agotándolo.

Nuestro comportamiento viene determinado por impulsos subliminales que arrastramos de existencia en existencia. Podemos mejorar dicho comportamiento, contrarrestar todos los efectos negativos, realizar pensamientos y acciones cuyas consecuencias nos resulten favorables. Todo está en nuestras manos. El esfuerzo para la Liberación es necesario, imprescindible. No se puede hablar de fatalismo o predestinación. Somos como nos hicimos. Seremos como nos hagamos. Nadie encenderá la lámpara por nosotros (a lo sumo nos indicarán cómo hacerlo), pero nosotros estamos capacitados para encender nuestra propia lámpara interior.

Venimos de muy atrás. Llevamos muchas existencias condicionados por nuestros impulsos y tendencias. Pero cada nueva existencia nos ofrece la preciosa oportunidad de ir remodelando nuestra mente, de sembrar y cosechar, de ir cortando los grilletes que nos encadenan. Hay que desarrollar sabiduría y no dejarnos engañar por lo relativamente permanente, no dejarnos envolver por el sibilino canto de las sirenas. Ignorantes, rebosantes de apego, perdidos en especulaciones, engañados por las apariencias, empantanados en la incertidumbre, generando odio sobre el odio, autoidólatras empedernidos, ávidos de existencia fenoménica, mórbidamente dependientes de todo y de nosotros mismos, acumulamos tal fuerza kármica que tendremos que retornar una y otra vez, seguiremos enganchados a la Rueda de la Vida. Pero no hay ser humano que no pueda aspirar a ser un *arahat* (iluminado), aquel que se ha liberado de todos los venenos de la mente, vive desde el desapasionamiento, ha quemado todos sus impulsos. El camino que hay que recorrer es largo, pero ofrece un valioso significado a la existencia.

Tres son las etapas del prolongado sendero. La primera es «la entrada en la corriente», la resolución de seguir el camino hacia el Nirvana, de observar la Buena Ley y lo que ella representa: las Cuatro Nobles Verdades, el triple entrenamiento, la comprensión clara de las tres características esenciales de toda existencia (insatisfactoriedad, impermanencia y ayoidad), el refugio en Buda y su Enseñanza. Este primer trecho del camino disipa la ilusión, favorece el progreso interior, libera del auto-engaño. La segunda etapa es propia de aquellos que logran liberarse de los venenos de la mente, que han progresado notablemente y realizado de manera intuitiva muchas verdades de la Doctrina. Ellos sólo retornarán una vez. Aquellos que han conseguido disipar la ignorancia básica de la mente y captar la última realidad son los que no retornan, los que cuando abandonan sus agregados del apego se extinguen y no regresan; son los *arahats* o perfectos, los iluminados, aquellos que están en el mundo pero ya no son del mundo.

En tanto no se obtiene un estado mental de desapasionamiento y hay alguna forma de volición y autorreferencia, la potencia kármica sigue estando activa y condicionando nuevas existencias. Pasadas, presentes y futuras existencias están determinadas por el karma. El karma da surgimiento a nuestros cinco agregados con todas las energías psicofísicas propias. Se produce la muerte orgánica, pero esas energías, propulsadas por el karma, conformarán otros cinco agregados. Así, vez tras vez, como la noche sigue al día y el día a la noche. Mi admirado y respetado amigo el venerable Narada Thera explica:

> De acuerdo con el budismo, nacimos de la matriz de la acción (*kammayoni*). Los padres proveen meramente una célula infinitesimalmente pequeña. De manera tal que el ser precede al ser. El momento de la concepción es el *Kamma* pasado, el que condiciona la conciencia inicial que vitaliza el feto. Es la energía *kammica* invisible, generada en el nacimiento pasado, la que produce los fenómenos mentales y el fenómeno de la vida en un fenómeno físico ya existente, para completar el río que constituye el hombre.

El Nirvana pone fin a la ignorancia y al deseo, se extinguen las energías psicofísicas y se detiene la Rueda del Renacimiento para ese «individuo».

EL ORIGEN DEPENDIENTE

La mente está llena de oscurecimientos, de corrupciones. No vemos lo que es. Las contaminaciones mentales (*kilesa*) nos lo impiden. Hay muchos velos que frustran el entendimiento correcto, muchas tendencias insanas, patrones, acumulaciones kármicas, condicionamientos evolutivos y psicológicos (*sankharas*). Somos víctimas de la fascinación cotidiana, por mucho sufrimiento que nos acarree, de las redes del apego y los autoengaños, de la ilusión del ego y sus trampas, de la interpretación falseada de los hechos y toda suerte de venenos emocionales.

Al principio tenemos que contentarnos cuando más con una comprensión intelectual, pero siguiendo el Óctuple Sendero y meditando, iremos descorriendo los velos de la mente y pasando del entendimiento intelectivo al vivencial y directo. La comprensión clara de las tres características de la existencia fenoménica (sufrimiento, impermanencia y ayoidad) irán dejándose intuir. *Dukkha*, *anicca* y *anatta*. Los tres elementos inexorables de lo fenoménico. Ellos rigen todo lo que es constituido, queramos verlo o no.

Anicca está en todo presente. Es la transitoriedad, la impermanencia. También está en nuestros cinco agregados o componentes psicofísicos. Todo transita, muda, cambia. Todo se halla en movimiento, como un río que no cesa de fluir. Lo que está compuesto tiende a descomponerse, lo constituido a desconstituirse y lo que surge a desvanecerse. A toda causa sigue su efecto, a toda acción su reacción. La rueda de la causación girando y girando sin cesar, autoimpulsándose, en continuada transformación. Un momento anterior crea un momento presente que desencadena un momento próximo. Flujo continuado de transformación, sin comienzo ni fin, en círculo, como la serpiente que se muerde la propia cola. Y nada es independiente, por sí mismo. Todo es dependiente, condicionado y condicionante. La Génesis Condicionada (*Paticca-Samuppada*) o Ley del Origen Dependiente, con sus doce grados (*nidanas*) o eslabones, desempeña un papel fundamental en la Doctrina budista y muy pocos logran percibirla intuitivamente. Son los eslabones de una cadena que forma círculo, que se cierra. Cada eslabón procede de un eslabón anterior y condiciona el siguiente. Sólo para profundizar en esta Génesis Condicionada y sus factores, haría falta un volumen. Ella es la vida misma, la evolución sin principio ni fin, el proceso ininterrumpido que, sin embargo, recorriéndolo hacia atrás, contra corriente, produce la cesación. Causación en su fluir hacia delante; cesación en su remontarse hacia detrás.

Expuestos escuetamente, los doce factores que conforman la Rueda de la Causación son ignorancia-acciones = conciencia = mente y fenómenos físicos o materiales = los seis órganos sensoriales (el sexto es el de la mente) = contacto (tanto sensorial como mental, que es la traba del órgano sensorial con el objeto a través de la presencia de la conciencia) = sensación = deseo = apego = acciones (podría también decirse propensiones o proceso del devenir) = renacimiento (un nuevo nacimiento) = sufrimiento (inherente a la vida) y decaimiento, vejez, enfermedad, muerte.

Ni uno de los eslabones mencionados es independiente o podría tener existencia por sí mismo. Son interdependientes y relativos, condicionantes y condicionados. En ellos se constelan las vidas anteriores, la vida presente, el renacimiento o vidas futuras. La fórmula básica y típicamente budista, una singular explicación para las tres características fundamentales de la existencia: insatisfactoriedad, impermanencia y ayoidad.

Revisemos con mayor precisión estos doce factores:

La ignorancia (*avidya*) provoca que la Rueda de la Causación gire y gire sin cesar. Ignorancia de nosotros mismos, de la vida como tal, de las Cuatro Nobles Verdades, etc. Ignorancia que es ilusión, engaño, falacia. Sólo la visión clara y penetrativa (*vipassana*), como un afilado cuchillo, puede rasgar los velos de la ignorancia y hacer posible la comprensión directa y profunda y altamente iluminadora.

Por la ignorancia vienen dadas las acciones (*sankharas*); son predisposiciones y propensiones que tienden a convertirse en actividades (pueden ser también actitudes o pensamientos), que originan karma positivo o negativo según sean, es decir, méritos o deméritos. Pero sólo los actos sin intencionalidad egoísta, más allá del apego, de las esferas del ego, no originan karma y colaboran en la conquista del Nirvana. Cuando no incorporamos la enseñanza de las Cuatro Nobles Verdades a nuestra vida cotidiana, cuando ignoramos los tres elementos básicos de la existencia fenoménica, estamos cultivando ignorancia y por consiguiente actividades contaminadas por el apego y el error. Las actividades y actos cargados de egoísmo, sean desafortunados o laudables, originan karma y favorecen la Rueda de la Causación, el renacimiento. Pero los actos y actividades laudables mejoran y enriquecen nuestra existencia, le confieren un significado más elevado, no son semillas arrojadas a un estercolero. Este factor y el anterior, es decir, *avidya* y *sankhara*, son propios de vidas anteriores.

Las actividades y el karma acumulado por ellas, la «sed» de existencia, las propensiones dan origen a una nueva concepción, a una nueva vida y surge la Conciencia (*viññana*).

Namma-Rupa (mente y materia) es el siguiente eslabón de esta cadena que se cierra. Es la mente y los fenómenos físicos o materiales. Mente y materia, que hacen posible este factor.

Porque hay mente, porque hay cuerpo, se dan los seis sentidos (*salayatana*). Son los cinco órganos sensoriales propiamente dichos y la mente, que es el sexto sentido.

Los seis sentidos hacen posible el contacto (*phassa*), que debe entenderse como físico y mental, resultado de la coordinación de los órganos sensoriales, el objeto sensorial y la conciencia.

A través del contacto surge la sensación (*vedana*). Ésta origina, inevitablemente, el deseo y el deseo produce karma. El deseo origina aferramiento, anhelo, apego. ¿Qué es el apego? El aferramiento a la sensación que gratifica, a lo agradable. Este factor es conocido como *updana*.

Es el apego el que da origen a las vidas futuras. El apego acumula karma que propulsa hacia un nuevo renacimiento.

El undécimo eslabón es el renacimiento, que viene dado por los factores anteriores y se llama *jati*.

Y llegamos así al duodécimo eslabón, que se anexiona con el primero (porque sólo por conveniencia se puede hablar de primero y último, ya que todos son interdependientes). Se denomina *jara-marana* y representa la nueva vida y todo lo que ella inexorablemente comporta: deterioro, sufrimiento, enfermedad, vejez y muerte.

La Rueda de la Causación, este proceso incesante de transformación basado en que toda causa origina un efecto que a su vez es causa, viene dado porque «cuando hay esto, hay aquello; al surgir esto, surge aquello». Y así estos doce factores o eslabones se interrelacionan de acuerdo con esa ley de causación y comportan en sí mismos la causa y el efecto. Pero el proceso puede ser invertido, pues «cuando no hay esto, no hay aquello; cuando esto cesa, aquello cesa». Esta inversión, resumida, la formulamos así:

Al cesar la ignorancia, cesarán las acciones.
Al cesar las acciones, cesará la conciencia.
Al cesar la mente y los fenómenos físicos, cesarán los seis sentidos.
Al cesar los seis sentidos, cesará el contacto.
Al cesar la sensación, cesará el deseo.
Al cesar el deseo, cesará el apego.
Al cesar el apego, cesarán las acciones.
Al cesar las acciones, cesará el renacimiento.
Al cesar el renacimiento, cesará el sufrimiento.

El Nirvana, insisto, es el cese de todo renacimiento, la extinción de los agregados, el gozo definitivo.

El ser humano es el conjunto de cinco agregados (*skandas*), denominados los agregados del apego y que configuran esa «personalidad» que se disipa definitivamente cuando los agregados, con el Nirvana, se desvanecen. La ausencia de sensación es el mayor de los gozos.

La vida fenoménica en sí misma es una traba. Nos apegamos por ignorancia. Cuando se desencadena la visión profunda y clara, el *vipassana*, toda ilusión es vencida, toda ignorancia superada. En esa ignorancia entroncan la avidez y el aborrecimiento. Todo ello encadena a la Rueda de la Vida, pero declara Buda:

Cuando el hombre prudente, bien afincado en la Virtud, desarrolla Conciencia y Comprensión, entonces, como un discípulo ardiente y sagaz, consigue desenredarse de esta traba.

IV

Las Cuatro Nobles
VERDADES

Las Cuatro Nobles Verdades representan la quintaesencia de la Buena Ley, la enseñanza mostrada por Buda.

En su Primer Sermón, Buda las expuso en Sarnath, y han sido completamente aceptadas por todas las escuelas budistas y por los tres vehículos: el *theravada*, el *mahayana* y el *vajrayana*. Representan el núcleo mismo de la Doctrina, su razón de ser y a través de ellas Buda, como el más sagaz de los médicos, expuso la enfermedad, su causa y la forma en que puede cesar.

A propósito de la Primera Noble Verdad, Buda se expresó así:

¿Cuál es la Noble Verdad del Sufrimiento? El nacimiento es dolor, la vejez es dolor, la enfermedad es dolor, la muerte es dolor.

Estar unidos a lo que nos disgusta es dolor; separarnos de lo que nos atrae es dolor. No conseguir lo que uno quiere es dolor. En conclusión, los cinco agregados conllevan al sufrimiento.

Ésta es la Primera Noble Verdad en toda su desnudez: hay sufrimiento. La vida es un trayecto desde un punto que llamamos nacimiento hasta un punto que denominamos muerte. El nacimiento mismo ya es dolor y en esa sucesión de acontecimientos que es la existencia, nadie se libra del sufrimiento. Éste es universal y alcanza a todos los seres que sienten. Es la contundente e insoslayable realidad, evidente e inevitable, de *Dukkha*: el sufrimiento, la desdicha, la insatisfactoriedad. Por el hecho mismo de nacer y vivir, ya surge el sufrimiento. Nuestra vida es una persecución implacable del placer, de las gratificaciones de todo tipo. Las anhelamos, las buscamos, ansiamos prolongarlas, repetirlas, retenerlas. Buda descubrió esta verdad universal. Nadie puede escapar al sufrimiento. La parábola del grano de mostaza es bien significativa. Resumiéndola: una mujer fue hasta donde se hallaba Buda para pedirle que resucitara a su hijo muerto. Buda le indicó que fuera a la aldea más cercana y si encontraba una casa en la que no hubiera habido muerte, pidiese un grano de mostaza y se lo trajese. En tal caso resucitaría a su hijo. Pero la mujer no pudo hallar ni una sola casa donde no se hubiera producido una muerte y cuando, consternada, regresó junto a Buda y se lo expuso, éste, lleno de ternura, le dijo: «¿Lo ves, buena mujer? Es inevitable. Anda, ve y entierra a tu hijo».

Todo lo que tiene nacimiento está destinado a tener fin. Lo constituido tiende a desmembrarse. Todo está sometido a una inexorable decadencia. Todo encuentro lleva consigo la separación.

Toda felicidad mundana oculta el germen del sufrimiento; todo placer proyecta la sombra del dolor. No es ni mucho

menos una actitud pesimista la del budismo, sino abierta-
mente realista. A poco que el individuo permanezca atento,
despierta, y la realidad del sufrimiento se hace bien visible. La
propia impermanencia que a todo afecta ya es fuente de
sufrimiento. Nada dura, nada permanece, todo fluye, transita, cambia. Y no sólo es el sufrimiento que Buda refiere en esa
Primera Verdad, sino el extendido sufrimiento nacido de la
mente, debido a la ignorancia básica de ésta y al entendimiento incorrecto, que es el resultado de los propios oscurecimientos mentales, de la insatisfacción, las frustraciones, la
incapacidad para aceptar lo inevitable. Sufrimiento físico,
moral, mental y el horrible sufrimiento que por perversidad o
negligencia unas personas provocan en los otros seres.

Hay muchas clases de sufrimiento, muchos hechos y circunstancias que causan dolor. ¿Quién no es esperado a la vuel-
ta de la esquina por el fantasma de *Dukkha*? ¡Hay tantas expre-
siones y manifestaciones del sufrimiento! Es necesario meditar y comprender esta Verdad, penetrarla, incorporar su
realidad a la existencia cotidiana. Si aprendemos a ver, comprender y asumir el sufrimiento inevitable, estaremos mejor
preparados para elevarnos por encima de él, sacarle su energía
y su enseñanza, instrumentalizarlo como medio hábil de desarrollo superior. Por mucho que cerremos los ojos, no por eso
es menor el sufrimiento. Hay que entender su naturaleza,
comprender que es producto de la impermanencia y también
de la ofuscada mente humana, porque así como hay un sufrimiento inevitable y universal, hay una gran masa de sufrimiento que puede evitarse si la mente se transforma y se libera de sus corrupciones. También se origina mucha desdicha
por nuestra incapacidad para aceptar conscientemente lo dis-
placentero y para saber manejarnos ecuánimemente con la
transitoriedad.

Buda es el mayor investigador del sufrimiento que jamás haya existido. Enunció la Segunda Noble Verdad en los siguientes términos:

> ¿Cuál es la Noble Verdad de la Causa del Sufrimiento? Es el deseo que conduce al renacimiento, acompañado por la pasión y la codicia, buscando su gratificación en una y otra parte; es el anhelo de placer sensual, la sed de existencia y aniquilación.

Buda descubrió que hay sufrimiento. Es una realidad. Fue más allá y descubrió que éste tiene una causa, que no es otra que la avidez, el ansia, el anhelo, el apasionamiento, el apego, que nos atrapa y encadena. Somos víctimas de un denso y voraz ego que nos hace aferrarnos a todo lo material e inmaterial, que nos somete a pasiones de todo tipo, que nos identifica con los estados internos y nos origina toda suerte de reacciones volitivas que generan más y más karma. El deseo, los impulsos generados por él, son la energía que mueve y mueve incesantemente el *samsara*, la Rueda de la Vida y los renacimientos. Hay también que meditar en profundidad sobre esta Segunda Verdad, relacionada con la Primera, para comprender la interacción entre ambas.

Así pues Buda señaló el sufrimiento. También expuso su causa primordial. Era la suya una visión lúcida, sagaz y realista de la existencia, pero quizá hubiera resultado fatalista de no enunciar la Tercera Noble Verdad:

> ¿Cuál es la Noble Verdad de la aniquilación del Sufrimiento? Es la completa extinción del apego, apartarse de él, renunciar a él, liberarse de él, no estar atado a él.

Señala así la causa del sufrimiento y cómo proceder para eliminarla, lo que supone suprimir el sufrimiento. Si la «sed» o avidez es la causa fundamental del sufrimiento, habrá que apuntar a esa «sed» para eliminarla y lograr así la cesación del dolor. ¿Hay un estado de mente en el que pueda cesar esa avidez, ese apego, esa «sed»? ¿Existe una dimensión en la que se pueda erradicar esa avidez y quedar libre de esa voracidad? ¿Es posible para un ser humano superar el mórbido apego que origina tanto sufrimiento dentro y fuera de sí mismo, que es la gran tragedia del hombre, que provoca tanta fricción y malestar? La extinción de ese anhelo es el Nirvana, como ya hemos visto en el capítulo anterior. No hay que correr fuera de nosotros para hallarlo; está en nosotros, es nuestra propia budeidad, Pero, desde luego, no es suficiente con indicar que la «sed» debe aniquilarse para que el sufrimiento cese.

Lo importante era facilitar los medios para hacer posible la supresión del encadenante apasionamiento que arrastra al sufrimiento, proporcionar el medicamento. Y Buda en la Cuarta Noble Verdad proporcionó los medios, el Camino, el vehículo para pasar de la orilla de la oscuridad y la servidumbre a la de la luz y el Conocimiento. Y cuando se ha pasado de una a otra orilla, ya ni siquiera esos medios son necesarios. De la siguiente manera se pronunció sobre la Cuarta Noble Verdad:

> ¿Cuál es la Noble Verdad del sendero que conduce a la cesación del Sufrimiento? Es el Noble Sendero que consiste en recta comprensión, recto pensamiento, rectas palabras, recta acción, rectos medios de vida, recto esfuerzo, recta atención y recta concentración.

Buda diagnosticó la enfermedad, su causa, la posibilidad de curar esa enfermedad y proporcionó las «medicinas» necesarias para hacer posible el restablecimiento. Y en esos ocho medicamentos que forman la Noble Verdad del Sendero Óctuple, se halla toda la grandeza de la Buena Ley, esa triple disciplina que es la ética, la mental y la de desarrollo de la Sabiduría. Y siguiendo disciplinadamente ese sendero (que exige el entrenamiento moral, mental y psicológico) sobreviene la Sabiduría que convierte a la persona en un iluminado, un *arahat*, elevándola por encima de toda incertidumbre o zozobra, toda insatisfacción o malestar, exigiéndose su voluntad de permanencia egocéntrica, y pudiendo ver las cosas tal y como son, desde la pureza de la mente.

Como sucede con los grados del *radja-yoga* expuesto por el sabio Patanjali, que en conjunto deben ser observados y ejecutados, lo mismo los ocho medicamentos de Buda deben ser «ingeridos» simultáneamente. El individuo ha de adiestrarse en ellos sin que ninguno quede excluido. Ellos exigen la observancia de la conducta adecuada (*sila*), el entrenamiento y cultura de la mente (*bhavana*) y la conquista de la Sabiduría (*pañña*). Este triple entrenamiento es imprescindible, y al ejercer las tres disciplinas se complementan y son igualmente valiosas. Se le concede notable importancia a la conducta ética y al adiestramiento de la mente, pues son las dos alas de esa preciosa ave llamada Sabiduría. El establecimiento en una genuina moralidad sin el entrenamiento de la mente es tan incompleto como el desarrollo de la mente sin el cultivo de una conducta ética adecuada. Ambos factores deben caminar juntos para alumbrar el tercer factor, el de la Sabiduría.

V

El triple
ENTRENAMIENTO

Cada ser humano debe cultivar su propia moralidad. El budismo ha sido siempre profundamente tolerante y respetuoso. Ha insistido, eso sí y continuamente, en que es necesario evitar el daño a cualquier criatura viviente. Una genuina moralidad no tiene por qué coincidir con la moralidad convencional, siempre sospechosa y sujeta a épocas y latitudes. La ética budista se proyecta más allá del bien y el mal convencionales. Aquello que me agrada está bien; aquello que me desagrada es malo: tal postulado es habitual pero completamente falso. El código moral más auténtico es aquel que se descubre en lo más profundo de sí mismo, a la luz de la sabiduría discriminativa. Para el budista rige la ley de causación moral, la inexorable ley del karma. No se insiste en los buenos pensamientos, palabras o actos porque haya una recompensa que obtener fuera de la existencia humana, porque haya así que descubrir y salvar un principio inmutable en uno mismo o porque haya que congraciarse con un Principio Superior. Se insiste en ello para evitar acumulación de karma negativo e incluso se enfatiza que todo acto debe hacerse libre de volición personalista, para evitar acumular karma.

Nunca se puede pasar por alto en el budismo el entrenamiento o disciplina ética, que nos conduce a beneficiar a las otras criaturas y no infligirles ningún daño. El ejercitamiento ético y mental que supone observar el Noble Óctuple Sendero da por resultado una verdadera ética personal, mucho más genuina y que puede ser diferente de aquella que rija en un momento dado en una sociedad. Pero si hubiera de concretar sobre qué factor exactamente se fundamenta la ética budista, yo me atrevería a decir que sobre la vigilancia. Si un ser humano está vigilante, ahorrará mucho daño para sí mismo y para los demás, podrá abstenerse de decir palabras hirientes o cometer impulsivos actos dolorosos, sabrá encontrar la forma de poner las causas para que los que le rodean sean más felices, estará mejor preparado para superar la mecanicidad de su subconsciente y conseguir una comunicación más saludable y enriquecedora. Buda declaraba: «Si te aprecias en mucho, vigílate bien».

La ética budista es el reflejo de la conducta moral de su fundador. No podía ni debía ser de otro modo. Después de alcanzar la iluminación, Buda se dedicó a impartir, sólo debido a su gran compasión amorosa a todos los seres sintientes, la Doctrina. La Enseñanza de Buda insiste mucho en la compasión e incluso hay técnicas específicas para el desarrollo de esa simpatía benevolente hacia todas las criaturas. Cuando la compasión se desarrolla en alto grado, como lo hiciera Buda, conlleva la amistad, la lealtad, el respeto, la tolerancia, el perdón, la caridad. Pero una compasión tan refinada e incondicional no se obtiene sólo mediante el cultivo de *sila* (moralidad), sino también de *samadhi* (unificación mental), y alcanza su máxima pureza y vitalidad con *pañña* (sabiduría). *Sila-samadhi-pañña* son la triple disciplina o triple entrenamiento, y configuran el triángulo perfecto que reunifica en sí mismo los ocho factores del Doble Sendero Óctuple. Quien conquista ese triángulo enciende su propia lámpara y es capaz de iluminar el camino de los demás para que lo recorran y enciendan la suya. Es noble buscar la propia felicidad, pero sin herir a los otros seres, sabiendo conciliar los propios intereses con los de los otros. La ética que se propicia en el budismo es quizá la menos egoísta que existe; es ciertamente muy altruista, puesto que el que hace por los demás hace por sí mismo, ya que todos formamos una gran familia. Buda declaraba: «Si te proteges a ti mismo, proteges a los demás; si proteges a los demás, te proteges a ti mismo».

Se combinan el entrenamiento del corazón y el de la mente, y estas dos disciplinas dan por resultado la Sabiduría.

El aspirante debe purificar su carácter, cultivar emociones positivas (llevando a cabo la meditación en las Santas Moradas: el amor, la compasión, la alegría compartida y la ecuanimidad), entrenarse en el desapego, tener siempre presentes las Cuatro Nobles Verdades y las tres características básicas de la existencia (sufrimiento, transitoriedad, impersonalidad), reeducar su discernimiento y conquistar la sabiduría intuitiva. Ya Buda insistía en que cada uno debe llegar por sí mismo a sus propias convicciones, mediante la experiencia personal y las propias indagaciones, y no sólo por lo que digan los maestros, la costumbre, la tradición o las escrituras. Combinar equilibradamente, no obstante, el entrenamiento del corazón y el entrenamiento de la mente no es fácil. Cada ser humano tiene proclividad hacia uno u otro lado, y sin embargo el cultivo de la emoción y el pensamiento deben caminar parejos, en perfecta armonía. No se trata de ser un melindroso sentimentalista ni un calculador intelectual. Una vez más los extremos son rechazados en ese camino del medio tan querido por el budismo.

El entrenamiento de la mente viene dado a través de la autovigilancia, la práctica asidua de la meditación y el intento por estar más atento en la vida diaria y en las actividades cotidianas. La meditación es el adiestramiento y desarrollo de la mente y hay numerosas técnicas en las Enseñanzas de Buda para ello, como más adelante abordaré con todo detalle.

Mediante el cultivo de la Sabiduría se va despertando la intuición y se va consiguiendo una conciencia más lúcida y penetrativa. Buda declaraba:

> Cuando un hombre prudente, bien afincado en la Virtud, desarrolla Conciencia y Comprensión, entonces, como un *bhikkhu* (monje) ardiente y sagaz, consigue desenredarse de esta traba.

Hay que ir liberando la mente de sus contaminaciones (*kilesa*), para que pueda ver, para que pueda desencadenar esa visión penetrativa y liberadora que es *vipassana*.

La liberación de los oscurecimientos de la mente es imprescindible para ganar la sabiduría que emancipa y conduce al Nirvana o experiencia de la iluminación definitiva.

VI

Los cinco agregados
del APEGO

El ser humano es el conjunto de cinco agregados (*skandas*). Ellos conforman una «personalidad» circunstancial o accidental, es decir, provisional, que no es tal en última instancia, aunque ese flujo o continuidad (*santana*), formado por los procesos tanto físicos como mentales, parezca serlo. Esa continuidad está determinada por la ley inexorable del karma. No existe en ella, para el budista, ninguna entidad permanente o inmutable, ningún ego o yo estable.

El ser humano es elemento mental (*nama*) y elemento físico (*rupa*) Tanto *nama* como *rupa* son materia en distinto grado de evolución. No hay un factor o elemento permanente propio, un yo trascendente como tal. Todo fluye y nada permanece, y así es en el cuerpo y en la mente. Todo está sometido a la ley de la inestabilidad, el cambio, lo transitorio. Momento a momento, instante a instante, la vida se desliza, impulsada por la fuerza kármica. Incontables momentos-pensamientos vienen y van, fugaces, impulsándose, formando una aparente continuidad coherente. No hay un ego real y permanente, sino infinidad de egos, de momentos-pensamientos. El río jamás es el mismo río y, sin embargo, siempre tiene algo del mismo río. En aquel que era niño está, y no está en el que se hace adulto. La llama de la vela que arde y arde sin cesar es la misma y no es la misma. La memoria, la concatenación de datos, le hacen creer a la persona que es siempre la misma. La kármica unión de sus agregados la ilusionan, haciéndole creer que es permanente, que un yo inmutable se ha establecido en ella, que una entidad no transitoria cabalga sobre sus procesos psicofísicos.

¿Por qué se llaman los agregados del apego? Porque son los que originan el apego, por eso mismo. Todo ellos, combinados, forman a la persona, como las distintas partes de un carro forman a éste.

El primero de los cinco agregados o concomitantes que conforman al ser humano es la materia propiamente dicha (*rupa*), con sus propiedades —líquido, sólido, calor, movimiento y los derivados de todas ellas: órganos sensoriales, objetos visibles, olores, sabores, sonidos, cosas y procesos psicomentales—. Este agregado, pues, implica de alguna manera los restantes concomitantes. El contacto de los sentidos con el mundo circundante produce las sensaciones, que representan el segundo agregado (*vedana*). Comoquiera que, aparte de los cinco órganos sensoriales, existe un sexto sentido, que es la mente, seis serán las clases de sensaciones, según sean experimentadas por uno u otro sentido. Tales sensaciones las podemos experimentar como agradables, desagradables o neutras.

El sexto sentido, la mente, se considera también material. En este aspecto son coincidentes todas las filosofías y técnicas de autorrealización de la India. A la mente se circunscriben los procesos psicomentales: pensamientos, emociones, ideas, estados anímicos, imaginación, memoria, etcétera. Las sensaciones, según sean agradables o desagradables (sensaciones burdas o sutiles, mundanas o inefables) son la causa del apego o la aversión en la persona común. El contacto del órgano sensorial con el objeto de los sentidos es el que produce la sensación, que resulta grata, ingrata o neutra, y desencadena el apego o aversión. Por eso para ir despegándose, es tan importante el trabajo de conciencia y ecuanimidad con las sensaciones, como lo hacen muchas técnicas de meditación *vipassana*, consistentes en captar las sensaciones, sin reaccionar, viendo su surgimiento y desvanecimiento.

El anhelo o ardiente deseo, la «sed» (*tanha*) que despiertan los agregados genera karma y obliga al renacimiento; son los impulsos los que renacen. Los órganos sensoriales son las ventanas abiertas al exterior. No sólo hacen posible las sensaciones, sino también las percepciones (sean sensoriales o mentales), el reconocimiento, la captación. Las percepciones forman el tercer concomitante, que es conocido por *sañña*, y nos permiten atrapar y distinguir los objetos físicos y también aquellos de naturaleza mental.

La mente, como he indicado, es de sustancia orgánica. Sus formaciones representan el cuarto agregado. Tales formaciones mentales (*samkara*) incluyen una larga serie de cincuenta y un coeficientes o actividades varias de la mente. Asimismo recoge la voluntad o volición (*cetana*), el acto de querer o anhelar. La volición es la fuente principal del karma. Al querer, al desear, al anhelar, al alimentar la «sed», la voracidad, se genera karma. En tanto no interviene la volición propiamente dicha, los agregados anteriores por sí mismos no causan karma. Puede surgir una sensación agradable o desagradable, una percepción de uno u otro signo, pero si no interviene la volición para desear o rechazar, cultivar apego o aversión, el karma no se origina. Por eso quien se sitúa más allá de la volición, capaz de observar sus sensaciones y percepciones como agradables, desagradables o neutras y sin implicarse en ellas, permanece como una gota de agua cristalina, sin producir karma, sin contaminarse, sin alimentar los venenos de la mente: ignorancia, codicia, deseo, odio, ira, etcétera. La volición mueve el pensamiento, la palabra, la acción, todo ello para satisfacer, alimentar o cumplimentar tal volición.

En estrecha dependencia o interdependencia con los agregados mencionados, se halla el quinto agregado, la conciencia (*viñña*). Los cuatro agregados anteriormente expuestos son los fuegos que alimentan este quinto agregado. Así como hay seis clases de voliciones, surgidas de los seis sentidos, también hay seis clases de conciencia. La conciencia recibe, reseña, anota, capta. La conciencia es una respuesta al estímulo, sea éste olfativo, visual, táctil o de otro tipo. De ahí que sin los restantes agregados, la conciencia no podría funcionar.

Cuando sobreviene el Nirvana, los agregados se disuelven. ¿Qué sucede entonces, adónde va esa supuesta «persona»? Las palabras no pueden alcanzar a describir los estados tan sublimes como el Nirvana. Después del Nirvana, además, ¿quién hay para hablar? Todo este aspecto es muy complejo. Pero en lo que coinciden todas las escuelas budistas es en la inexistencia de un yo permanente; el ego es provisional. Tal es la enseñanza del *anatta* (no entidad).

Al expresarnos recurrimos forzosamente al lenguaje de lo mío y lo tuyo, pero no hay ninguna identidad permanente para la Buena Ley. Incluso la conciencia es intermitente, no dispone de una identidad continuada. Es tan rápida la sucesión de sus ocurrencias que el ser humano equivocadamente experimenta esa identidad como continuada; cae en una interpretación falsa. Los relampagueantes estados de la mente, la memoria psicológica le hacen experimentar como permanente lo impermanente. Volvamos al ejemplo tradicional: los adultos no somos el niño que fuimos, pero claro que tampoco somos otros absolutamente distintos. ¿Éramos aquél? ¿Somos éste? ¿Somos el viejo que está por venir? Morimos y nacemos a cada instante, pero no somos capaces de percibir los infinitos puntos que forman una línea aparentemente continua.

¿Quién es el dueño de los agregados? Nadie. Los agregados son por sí mismos, ningún «yo» dispone de ellos. ¿Quién experimenta los fugaces estados mentales? ¿Quien está detrás de la mente? ¿Quién es el protagonista o testigo de la mente? La mente misma. ¿Hay quien piense los pensamientos? No, los pensamientos se piensan. Los momentos-pensamientos se suceden en el alambicado proceso de los *skandas* (agregados). No hay, pues, una entidad permanente. La enseñanza del no ego representa un aspecto esencial del budismo. Hay sufrimiento, pero no propiamente quien sufre. Hay pensamiento, pero no propiamente quien piense. Hay palabra y acción, pero no propiamente quien hable o actúe. Ninguna sustancia inmutable, nada que no esté sujeto al cambio. El binomio *anicca-anatta* (impermanencia-ayoidad) se complementan perfectamente, se equilibran. El mundo entero está vacío de ego. Nada es estático. Los instantes de conciencia no cesan, no descansan. El *Visuddhi Magga* es contundente:

> El ser de un momento pasado del pensamiento ha vivido, pero no vive ni vivirá.

El ser de un momento futuro del pensamiento vivirá, pero no ha vivido ni vive.

El ser del momento presente del pensamiento, vive, pero no ha vivido ni vivirá.

La ilusión o ignorancia, la carencia de una notable penetración mental, la falta de *vipassana* le hacen al ser humano, según el budismo, creer en una entidad permanente. Porque somos aparentemente los mismos en cada momento, creemos ser uno para la eternidad. Si un paraguas, por ejemplo, es desprovisto del mango, las varillas, la sombrilla y todos sus componentes, en suma, ¿qué queda? Podemos hacer vigentes las palabras de Heráclito: «Jamás nos bañamos en el mismo río». Y este mundo impermanente que fluye sin cesar no tiene comienzo ni fin. Desde siempre hay una serie de causas y efectos, de orígenes y extinciones, de apariciones y desapariciones en los que no es posible hallar un yo. No hay un principio individual que dure más allá de un instante, aunque la unión temporal de los cinco agregados provoque esa ilusión. Todo está vacío de entidad estable. Y la falsa idea del yo es la tragedia del ser humano, porque crea divisiones, conflictos, fricciones, desgarramiento, dolor, egoísmo, sufrimiento universal. El Nirvana hace posible la comprensión profunda de la doctrina del no ser (*anatta*), no en el mero entendimiento intelectual, con o como experiencia directa, vivencial y, por tanto, altamente transformativa y liberadora. En tanto no se alcanza ese estado de orden superior, todo es especulación y abstracción. En realidad, en último grado, nada es permanente ni no permanente, ego ni no ego, eterno ni no eterno. ¿Cómo querer reducir a la dualidad lo que es unidad, lo que los practicantes del zen denominan la afirmación más allá de la afirmación-negación? ¿Por qué en el nivel unitario no ha de ser lo mismo el Vacío del Todo que el Todo del Vacío? La mente dual y el pensamiento binario no están capacitados para ese tipo de hiperconsciente comprensión.

En el plano ordinario y convencional, la ausencia de un yo plantea no pocas contradicciones y preguntas concernientes a la enseñanza budista. Yo mismo, en mi afán de proseguir en la investigación siempre integral y profundamente ecléctica, he formulado muchas de estas preguntas que bien pueden parecer a un budista irrelevantes, pero que ayudan a inquirir. Preguntas tales como: ¿quién se libera si no hay un yo para liberarse? ¿Por qué buscar la liberación de alguien que no existe? ¿Quién recibe el karma? Y tantas otras que surgen inevitablemente. Pero lo esencial tal vez sea centrarse en los hechos reales, en esa realidad que estamos viviendo a cada momento. Ya Buda señalaba que muchas cosas no las había traído a colación porque simplemente no ayudaban a la liberación. Y el budismo es básicamente una técnica libertaria o soteriológica. Pretende liberarnos del dolor, del sufrimiento. Ésta es su meta más alta. Porque si *anicca* y *anatta* (impermanencia y ayoidad) son dos características de toda existencia, la característica en principio evidente, que a gritos se nos presenta, sin pudor de ningún tipo, alcanzando a todos los reinos y a todas las esferas, es *Dukkha* (sufrimiento). El sufrimiento es universal. Porque Buda obtuvo una lúcida concienciación del sufrimiento, se decidió a abandonarlo todo para encontrar las raíces del sufrimiento, para hallar el modo de liberarse de él y colaborar con sus enseñanzas en la liberación del sufrimiento de otros. ¿Cómo no admirar al investigador más perspicaz que jamás haya existido sobre el sufrimiento? ¿Acaso no se mueve toda nuestra vida en una búsqueda más o menos sensata, por derroteros más o menos laudables, para encontrar la felicidad? No hay ser que no sienta el sufrimiento y quiera liberarse de él. ¡Qué gran médico de la mente Gautama Buda! Su primera verdad: la del sufrimiento. La primera verdad de todos nosotros. No hay existencia sin sufrimiento. La misma impermanencia se vuelve en fuente de gran sufrimiento para el hombre ordinario; por lo que nos indican los sabios budistas, el hombre se inventa un yo y se aferra a una recompensa de eternidad.

Para la enseñanza budista, excepto el Nirvana todo es sufrimiento, limitación, desdicha, e incluso los estados más sublimes de meditación tienen el lado oscuro del sufrimiento, su lado oculto de insatisfacción. No hay felicidad, a excepción del gozo del Nirvana, que no tenga una simiente de dolor. Hay muchos tipos de felicidad cotidiana, pero sólo existe un tipo de sufrimiento, el sufrimiento como tal. Los grilletes de nuestra mente, nuestra ignorancia vital y metafísica (incluyendo la ignorancia de las Cuatro Nobles Verdades y de las características básicas de toda existencia), nuestra carencia de una percepción directa y clara de la realidad (esa visión penetrante que nos falta, ese ojo de sabiduría que permanece cerrado), todo ello origina sufrimiento, pena sobre la pena, incertidumbre sobre la incertidumbre. El cambio origina sufrimiento si nos aparta de lo que es grato, pero la inaceptación del cambio añade mucha desdicha a la desdicha. La vida comporta dolor, pero nuestra incapacidad para tomar la vida tal y como es provoca una buena dosis de dolor extra. Por eso Buda decía: «El dolor es inevitable pero el sufrimiento es opcional».

Sufrimos más porque no comprendemos, porque no vemos, porque no sabemos, porque no aceptamos. Al sufrimiento común e inevitable se suma nuestro sufrimiento producto de la ceguera espiritual. A mayor apego, mayor sufrimiento. Nos aferramos, dependemos morbosamente, nos supeditamos. La impermanencia origina sufrimiento tras sufrimiento para aquel que se apega a la idea de permanencia. Pero si nos establecemos en el desapego, si realizamos la comprensión elevada de que tanto lo agradable como lo desagradable son impermanentes, si entendemos a un nivel de pura y simple intuición que no hay un ego que reciba esas sensaciones agradables o desagradables y que ellas no deben forzosamente provocar apego o aversión, entonces ha comenzado la escalada hacia la Liberación. Está el cambio y están aquellos que han aprendido a ver el cambio, a mirar la transformación, fuera y dentro de sí mismos, incluso en los propios agregados.

No se trata en absoluto de huir de la realidad, sino bien al contrario: de encarar la realidad tal y como es, con la conciencia lúcida de su impermanencia, su sufrimiento. Si no hay un ego como tal (en todo caso habría que hablar de un ego provisional a cada instante), ¿qué temer? Penetrar el sufrimiento (buena parte de él provocado precisamente por la impermanencia), reflexionarlo, aceptar su inevitabilidad, comprender que se puede trascender si se observa el Óctuple Sendero, todo ello no debe crear un carácter taciturno, sino al revés, una imperturbable serenidad sin mancha de preocupación, sin sombra de incertidumbre. La relativa permanencia de los hechos, cosas y acontecimientos nos deslumbra y equivoca. Todo placer mundano contiene en sí mismo la semilla del dolor. Si falta el placer, sobreviene el sufrimiento. Si tenemos placer, queremos repetirlo, prolongarlo. Hay conflicto, ansiedad, tensión, duda.

Ningún placer externo puede proporcionarnos seguridad absoluta, ni satisfacer nuestro afán de integración. Demandaremos más seguridad, más placer, engulliremos el anzuelo al comernos el cebo. No aceptamos que las cosas placenteras (igual que las displacenteras) no duran, son transitorias;

nos negamos a ver la impermanencia y seguimos alimentando e incrementando nuestra «sed». Mediante la meditación *vipassana* y observando el Noble Óctuple Sendero, iremos modificando las actitudes y desarrollando la percepción ultrasensible que libera. Los cinco agregados del apego dejarán de fomentar apego cuando podamos percibir la última realidad como es y desasirnos. En ese caso se obtiene la emancipación y se pone fin a mucho sufrimiento. Hay que trascender el apego y la aversión, lo que requiere un gran trabajo interior para superar los habituados modelos de pensamientos y las tendencias de atracción y repulsión. Buda explicaba:

> En el caso de las sensaciones agradables hay que desprenderse de la tendencia innata del apego; en el caso de las sensaciones desagradables hay que desprenderse de la tendencia innata de la aversión; en el caso de las sensaciones neutras hay que desprenderse de la tendencia innata a la ignorancia. Si un monje ha eliminado en las sensaciones agradables la tendencia al apego, en las sensaciones desagradables la tendencia a la aversión y en las sensaciones neutras la tendencia a ignorarlas, se dice de él que está libre de tendencias perjudiciales y que dispone de la perspectiva correcta. Ha hecho imposible la avidez, ha quebrado las trabas de la existencia y, percibiendo la ausencia de yo, ha puesto fin al sufrimiento.

VII

El Noble Óctuple
SENDERO

En el Noble Óctuple Sendero, con sus ocho apartados o secciones, se nos ofrecen todas las instrucciones para cultivar la genuina ética, desarrollar la mente y conquistar la sabiduría que libera.

El Sendero que conduce al Nirvana está compuesto por:

1) RECTA COMPRENSIÓN (*SAMMA DITTHI*)

Es necesario ampliar al máximo la verdadera, profunda y clara comprensión. Comprender correctamente es percibir las cosas como son, entender la médula misma del *Dharma*, desplegar una captación mental penetrante que sólo es posible cuando la mente reencuentra su pureza y se libera de sus trabas y corrupciones, pudiendo así desarrollar en alto grado todas sus funciones. No basta con la comprensión intelectual, porque ésta se basa en un conocimiento factual de dudosa validez y porque tiende a dejarse confundir por las apariencias y desorientarse mediante la ilusión y los oscurecimientos. El conocimiento libresco o la erudición deben dar paso al conocimiento intuitivo; la comprensión intelectiva a la comprensión supraconsciente.

Comprender rectamente es percibir al desnudo, intuitiva y directamente, sin dejarse atrapar por el insuficiente pensamiento binario y los viejos patrones de pensamiento Se requiere una mente muy entrenada para lograr un tipo tal de comprensión, pero cuando se consigue, la Enseñanza se presenta diáfana y más viva que nunca, se ve con toda lucidez y se incorpora a la propia vida. Hay que desarrollar la sabiduría discriminativa, purificar e intensificar el discernimiento, alertar la atención mental. La mente está potencialmente capacitada para desencadenar la recta comprensión, pero ésta sólo es posible en la medida en que los obstáculos de la mente (*kilesa*) van siendo superados. La recta comprensión aproxima a la Realidad y es el resultado de una mente bien entrenada y establecida en la dirección oportuna.

2) Recto pensamiento (*samma sankappa*)

El recto pensamiento requiere todo un perseverante ejercitamiento. Penar es un arte. No pensamos, sino que somos pensados por nuestros pensamientos. La mente salta en el tiempo y en el espacio, está contaminada por todo tipo de filtros y etiquetas; el pensamiento es mecánico y las asociaciones mentales escapan al control de la persona. Pensar no es dejarse arrastrar por los procesos automáticos del pensamiento; al menos no es pensar rectamente. Pensar rectamente es dirigir el pensamiento hacia los ideales propuestos, utilizarlo de tal manera que cada momento y circunstancia nos indiquen cómo proceder, convertirlo en guía y en luz, en instrumento de realización.

El recto pensamiento es como un afilado cuchillo que puede cortar la densa niebla de la ilusión en la mente. Es necesario en todos los sentidos y órdenes, y más aún para aquellos que han emprendido la Búsqueda en una sociedad que no la propicia en absoluto y que crea condiciones adversas a ella. El recto pensamiento es un faro que nos orienta, que nos sirve de referencia, que nos impide precipitarnos. Es sabiduría y despertador existencial y espiritual, maestro.

Por el recto pensamiento llegamos a la indagación verdadera, a la averiguación profunda y descontaminada, al establecimiento en actitudes de ecuanimidad, desapego y compasión. El recto pensamiento fortalece, esclarece, ayuda a renunciar a lo nocivo, coopera con la comprensión clara y reveladora. El recto pensamiento es un camino hacia la sabiduría y en la medida en que lo vamos conquistando nos va capacitando para vivir la Enseñanza más genuinamente. Las profundas comprensiones que nos facilita y la genuina ética en la que nos establece hacen posible la mutación interior, liberan de apegos mezquinos, desencadenan tolerancia y lucidez mental. La disciplina del pensamiento hace que surja el recto pensamiento y éste debe ser aplicado al estudio del *Dharma*.

El pensamiento malguiado lo es por la ofuscación, la avidez y el odio. Éstas son las tres espinas venenosas, las raíces insanas, de las que hay que liberarse. El pensamiento bien guiado es el que se inspira en la lucidez, la generosidad y el amor.

El pensamiento correcto libera de opiniones egocéntricas y de estrechos puntos de vista, y dota de independencia con respecto a las percepciones sensoriales, para que no hagan a la persona su sierva. En el *Sutta Nipata* leemos:

Para quien está libre de percepciones sensoriales, no hay cadenas; para quien alcanza la libertad con Visión penetrativa desaparecen todos los engaños; pero quien se aferra a las percepciones sensoriales y a las opiniones erróneas y falsas vive en este mundo en contradicción y reyerta.

Buda vigilaba mucho que sus discípulos no se dejaran arrastrar por el apego a las ideas y opiniones, que son el resultado de la ofuscación y a su vez provocan ofuscación. Les prevenía constantemente sobre la evitación de pensamientos insanos y el cultivo de los sanos, combatiendo así las raíces de lo insano (avidez, odio, ofuscación), por las de lo saludable (generosidad, compasión y claridad), porque dependiendo del pensamiento así son las conductas verbales y corporales, e incluso a su hijito el Maestro le recomendó que fuera siempre reflexivo al pensar, hablar o actuar.

En el *Anguttara Nikaya* podemos leer, e inspirarnos así:

Para el propio bien debemos convertir la atención vigilante en guardián de la propia mente por cuatro razones: 1ª «Que mi mente no abrigue codicia por nada que induzca a la codicia». Por esta razón debemos convertir la atención vigilante en guardián de la mente. 2ª «Que mi mente no abrigue odio hacia nada que induzca al odio». Por esta razón debemos convertir la atención vigilante en guardián de la mente, por el propio bien. 3ª «Que mi mente no abrigue ofuscación con relación a nada que produzca ofuscación». Por esta razón, debemos convertir la atención vigilante en el guardián de la mente, por el propio bien. 4ª «Que mi mente no se envanezca de nada que conduzca al envanecimiento». Por esta razón debemos convertir la atención vigilante en guardián de la mente, por el propio bien.

3) Rectas palabras (*samma vaca*):

El pensamiento mecánico se traduce en la mecanicidad al expresarse. El parloteo de las descontroladas mentes tiende a reflejarse en palabras incontroladas. Se habla sin vigilancia, sin control. De tal forma se dicen frases insensatas, opiniones injustas, palabras hirientes. Buda declaraba:

> En la lengua del hombre hay una cuchilla con la que los necios se hieren cuando profieren palabras malignas.

Hablar impensadamente es nocivo para el que habla y poco estimulan o instructivo para el que escucha. Así, muchas veces nos arrepentimos de las palabras, pues es bien cierto el adagio que reza:

> Hay tres cosas que no se pueden recuperar: la flecha disparada, la ocasión perdida y la palabra dicha.

Es necesario estar atento a la palabra; cuidar que las palabras sean adecuadas, claras, útiles, agradables y alentadoras. «Rectas palabras» consiste en: a) no mentir; b) no difamar, ni calumniar, ni emitir palabras que puedan generar enemistad, odio u hostilidad entre personas o grupos; c) no expresarse agresivamente ni con descortesía; d) evitar el cotilleo y las conversaciones vacuas.

En el *Anguttara Nikaya* se especifica:

> Existen estas cinco desventajas y peligros en la locuacidad: el charlatán profiere falsedades, calumnias, palabras ásperas o infames, y tras la muerte renace a un infeliz estado de existencia.

4) Recta acción (*samma kammanata*)

Sólo el recto pensamiento conduce a la acción recta. La recta acción es el proceder adecuado. Si el pensamiento está esclarecido, las acciones no serán las más oportunas; fallará el proceder. Las actitudes tienden a exteriorizarse. Si cultivamos actitudes internas de serenidad, benevolencia, no violencia, amabilidad, etcétera, así resultarán nuestros actos, nuestra manera de proceder. La recta acción representa la manera de proceder de acuerdo con la Enseñanza, reorientando los actos hacia ideales superiores y, sobre todo, evitando en lo posible hacer daño a cualquier criatura sintiente.

5) Rectos medios de vida

El budismo siempre ha insistido en la necesidad de evitar daño a los otros, de evitar perjudicarlos. Todos los seres buscan la felicidad; todos los seres quieren evitar el sufrimiento. Debemos tratar, pues, de abstenernos de dañar a los otros. Una actividad que perjudique a los demás está desaconsejada. Así, es necesario abstenerse de comerciar con armas, tóxicos, bebidas alcohólicas, así como evitar el juego y en general cualquier actividad que pueda originar daño a los demás. Hay que buscar una ocupación o profesión que no resulte nociva y que si al menos no favorece directamente a los otros, por lo menos resulte ética. Por supuesto, evitar traficar con seres humanos, explotarlos o denigrarlos, abusar de ellos, y también evitar dañar a los animales. En la medida en que se observa una genuina ética, es más fácil liberar la mente de sus ataduras.

La recta palabra, la recta acción y los rectos medios de vida conforman la disciplina moral (*sila*) o conducta ética. El budismo, en varios de sus textos, también enfatiza cómo deben ser las relaciones entre personas, basadas siempre en la cordialidad, el mutuo respeto y la tolerancia. La Virtud forma parte importante en la senda hacia el Nirvana, y en el *Digha Nikaya* se nos dice:

> ¡Oh, monjes, por no haber comprendido, por no haber penetrado cuatro cosas, hemos vagado tanto tiempo, hemos caminado tanto en este círculo de la existencia vosotros como yo. ¿Qué cuatro cosas? La Virtud, la Concentración, la Sabiduría y la Liberación. Pero cuando estas cuatro cosas se comprenden y penetran, queda desarraigado el apego a la existencia, destruido lo que conduce al renovado devenir, y ya no hay más nacer.

6) Recto esfuerzo (*SAMMA VAYAMA*)

Recto esfuerzo es la observancia del *Dharma*, asumir sus enseñanzas y penetrarlas, seguir la disciplina moral y el entrenamiento de la mente, caminar hacia la Sabiduría. Todo ello requiere un esfuerzo correcto y notable, a veces casi titánico. El recto esfuerzo es insoslayable. La Buena Ley insiste muy a menudo en la necesidad de recorrer el camino por sí mismo, encender la propia lámpara, encontrar refugio en uno mismo. Nadie puede realizar el esfuerzo por uno, nadie puede hallar la liberación por otro; ni el más elevado maestro puede evitar el esfuerzo a su discípulo. El verdadero aspirante tiene que ser consciente de que el esfuerzo no sólo es necesario sino deseable. La Búsqueda no es un juego de niños, no es un capricho, no es un entretenimiento. Despertar requiere un sobreesfuerzo, una tenacidad sorprendente. El recto esfuerzo conlleva:

— El esfuerzo por desalojar de la mente cualquier pensamiento o estado mental nocivo.
— El esfuerzo por impedir que esos pensamientos o estados mentales nocivos vuelvan a entrar en la mente.

— El esfuerzo por suscitar pensamientos y estados mentales positivos.

— El esfuerzo por fomentar y desplegar esos estados mentales y pensamientos positivos suscitados.

Es también mediante el esfuerzo como se pueden controlar los pensamientos y para ello hay varios métodos:

— Erradicar los pensamientos en su propia raíz; mediante la vigilancia y el poder de voluntad se corta el pensamiento insano cuando se presenta.

— Mirar los pensamientos inafectadamente, sin dejarnos implicar por ellos, como si nos pertenecieran, desidentificadamente, con ecuanimidad y visión clara.

— Combatir los pensamientos nocivos mediante el cultivo de sus opuestos, es decir, los positivos. Ya buda declaraba: «Oponte con una oleada de pensamientos positivos a la oleada de pensamientos negativos».

Como dice el yoga, somos lo que pensamos, y así como pensamos así somos y la mente la vamos haciendo de momento en momento. Buda declaraba que la mente es la precursora de todos los estados y que todos los estados entroncan en la mente, y por ello es tan importante adiestrarse en este sentido. El dominio de la mente exige mucho esfuerzo pero es sumamente necesario en la senda hacia la liberación. Buda declaraba:

> No conozco ninguna cosa que sea tan ingobernable como una mente no desarrollada. En verdad que una mente no desarrollada es ingobernable.

No conozco ninguna otra cosa que sea tan gobernable como una mente desarrollada. En verdad que una mente desarrollada es gobernable.

No conozco ninguna otra cosa que proporcione tanto sufrimiento como una mente no cultivada y no desarrollada. En verdad que una mente no cultivada y no desarrollada proporciona sufrimiento.

No conozco ninguna otra cosa que proporcione tanta felicidad como una mente cultivada y desarrollada. En verdad que una mente cultivada y desarrollada proporciona felicidad.

El esfuerzo tiene que ser consciente, recto, bien administrado, no compulsivo ni desmesurado, pero sí consistente, asiduo, bien dirigido. Cumplimentar el triple entrenamiento o disciplina requiere esfuerzo. Por eso Buda decía que no conocía nada tan poderoso como el esfuerzo para vencer la pereza y exhortaba a sus discípulos del siguiente modo:

¡Levantaos! ¡Incorporaos! ¡Preparad sin desmayo vuestra paz mental!

Y en el *Dhammapada* se nos especifica:

Quien no se esfuerza cuando llega el momento de hacerlo; quien, aunque joven y fuerte, es perezoso, aquel cuyos pensamientos son descuidados y ociosos, no ganará la sabiduría que lleva al sendero.

El camino del Buda no es para los débiles, sino para el que, en su afán de liberar la mente de toda atadura, se emplea a fondo en el trabajo sobre sí mismo, el que hace posible el debilitamiento del ego y descorrer los velos de la mente para que surja la visión pura.

Es mediante el esfuerzo firmemente aplicado como se superarán los grandes obstáculos, como el apego sensorial, la malevolencia, la pereza y desidia, el desasosiego y ansiedad, y la duda escéptica, a los que los budistas consideran un «montón de cosas nocivas». Y mediante el esfuerzo se desarrollarán los *paramitas* o perfecciones, como la generosidad, la paciencia, la tolerancia y tantos otros. Declaraba Buda: «Quien se esfuerza intensamente impide la aparición de la apatía y la pereza, y si ya aparecieron, las destruye».

Mediante el esfuerzo uno puede renunciar a pensar, hablar o actuar perjudicialmente y también mantener el firme propósito de mejorarse y poner los medios para la liberación de la mente. Volvamos a recordar las palabras del *Anguttara Nikaya*:

> Los seres son dueños de sus actos, herederos de sus actos, hijos de sus actos; están sujetos a sus actos, dependen de sus actos; todo acto que cometan, sea bueno, sea malo, de aquel acto heredarán.

El esfuerzo es sumamente necesario para todas las formas de meditación, tanto de la rama de tranquilización y concentración (*samatha*) como la de visión penetrativa (*vipassana*).

7) Recta atención

La atención desempeña un papel importantísimo en la enseñanza de Buda y en la liberación de las trabas de la mente. La atención es una de las funciones más preciosas e importantes de la conciencia. Se nos dice en el *Dhammapada*:

> La atención es el camino hacia la Liberación; la inatención es el sendero hacia la muerte. Los que están atentos no mueren; los inatentos es como si ya hubieran muerto.

Y en el mismo texto:

Atento entre los inatentos, plenamente despierto entre los dormidos, el sabio avanza como un corcel de carreras se adelanta sobre un jamelgo decrépito.

La atención es como un músculo que puede ser desarrollado en alto grado. La atención, entrenada metódicamente, puede intensificarse y hacerse mucho más penetrante, liberándose de filtros y condicionamientos, convirtiéndose en pura toma de conciencia, en un reseñar mentalmente, rápido y escueto, claro y limpio. Atención es vigilancia. El *Sapatthana Sutta* o Sermón de los Fundamentos de la Atención es el texto que más minuciosamente hace referencia a cuatro soportes para el entrenamiento metódico de la atención: a) el cuerpo (vigilando la postura, la respiración, etcétera); b) las sensaciones; c) la mente (sus estados y actividades), y d) las concepciones de la mente. Estas cuatro tomas de conciencia tienen la extraordinaria ventaja de que pueden llevarse a cabo no sólo sentado en meditación, sino en cualquier momento o circunstancia, y que, por tanto, son incluso aplicables a la vida cotidiana. Pero, además, es muy conveniente, como enfatiza el zen, aprender a vivir la instantaneidad, el momento, el presente, el esto-aquí-ahora, con la mayor atención mental posible; aprender a estar vigilante de todo lo que sucede dentro y fuera de uno; aprender a permanecer atento a la actividad que se esté llevando a cabo.

Para Buda la atención era poderosa en todo momento y circunstancia. Por su parte, el sabio Santideva declaraba:

Hay que estar atento para que la mente, que parece un elefante en celo, esté siempre sujeta al poste de la calma interior. Hay que estar atento para examinar cada instante la condición de la propia mente.

Y otro gran sabio, Asvagosha, decía:

Mantén la atención y la clara comprensión en todas las cosas, al estar sentado, al permanecer de pie, al caminar, al mirar y al hablar. El que está situado en la atención como guardián a las puertas de su mente no puede ser invadido por las pasiones, igual que una ciudad bien guardada no puede ser conquistada por el enemigo. Ninguna pasión surgirá en aquel que ha obtenido la atención en el cuerpo; protegerá su mente en todas las circunstancias igual que una nodriza protege al niño.

Aquel que carece de la armadura protectora de la atención es verdaderamente un blanco para las pasiones; al igual que un guerrero en la batalla, sin su cota de malla está expuesto a las flechas de sus enemigos.

Al corazón no protegido por la atención debe verdaderamente considerársele completamente indefenso. Se asemeja a un ciego caminando sin guía por un terreno escabroso.

El recto esfuerzo y la recta atención se complementan. El recto esfuerzo exige una gran atención mental, pues de otro modo ¿cómo llevarlo bien a cabo y sabiendo orientarlo?, ¿cómo recordar siquiera que hay que negarse a penar negativamente y estimular los pensamientos positivos? Ese esfuerzo de voluntad que requiere el recto esfuerzo implica necesariamente la atención. De otra forma, no es posible. A propósito del recto esfuerzo se nos indica en el *Samyutta Nikaya*:

El monje que controla y adiestra la voluntad para que no surjan malas e insanas cualidades que aún no han surgido y para ello se esfuerza, aplica y ejercita la mente; que dirige y adiestra la voluntad para abandonar las malas e insanas cualidades que han surgido en él y para esto se esfuerza, aplica y ejercita la mente; que dirige y adiestra la voluntad para que surjan las buenas cualidades que aún no habían surgido en él y para esto se esfuerza, aplica y ejercita la mente; que dirige y adiestra la voluntad para que las buenas cualidades que hayan surgido en él persistan, se multipliquen, permanezcan incontaminadas y se desarrollen hasta la perfección y para esto se esfuerza, aplica y ejercita la mente. En esto consiste el recto esfuerzo.

Y para ello la recta atención es necesaria, como lo es para percibir, captar, tener conciencia, saber; para poder reseñar las sensaciones y si éstas son agradables, desagradables o neutras; la inhalación y la exhalación del aire, y los estados de codicia y generosidad en la mente, por ejemplo. El recto esfuerzo y la recta atención son los grandes custodios de la mente, la mantienen independiente y clara, hacen posible el autocontrol y el autoconocimiento, favorecen una visión renovada y más profunda, una perspectiva más rica y penetrante, la aprehensión de la última realidad. Desde una mente entrenada y poderosa, clarificada, se puede obtener una comprensión luminosa de la Enseñanza e incorporarla a la propia vida.

A través de la meditación se va entrenando metódicamente la atención y se trabaja mucho con la denominada atención pura o desnuda, es decir, aquella que se limita a percibir sin juicios ni prejuicios, directamente, y que se torna muy profunda y da paso a la comprensión clara.

8) RECTA CONCENTRACIÓN (*SAMMA SAMADHI*)

Todas las técnicas indias de autorrealización han insistido siempre en la necesidad de lograr el control y unidireccionalidad de la mente. Tal es el yoga. El budismo en este sentido no es una excepción, bien al contrario, valora en grado mayor la disciplina de la mente, la concentración. Cuando la recta concentración es conquistada, la mente alcanza otros planos o niveles mucho más elevados y que permiten profundas comprensiones, destellos, superiores entendimientos que escapan a la mente ordinaria o indisciplinada.

El entrenamiento en la concentración (el yoga ha sido el sistema que ha facilitado métodos más antiguos y fiables) desencadena el éxtasis o absorción. La mente se abre a realidades superiores, viaja por dimensiones nuevas y más fecundas. Se pueden obtener planos de abstracción muy intensos. Los yoguis de hace cinco mil años ya los conocían bien. Es la contemplación entendida en su sentido más puro: liberación del ego, sentimiento de unidad y arrobamiento, superación de velos y condicionamientos de la mente ordinaria, vivencia de plenitud, ecuanimidad e imperturbabilidad. Y de tales estados de absorción (hay diversos grados según su menor o mayor intensidad), surge un conocimiento contemplativo especial y diferente, siempre superior al conocimiento habitual y muy limitado.

Esos especiales estados de la mente, estados superiores de la conciencia (donde cesa el ego, la dualidad o pensamiento binario, la mente automática y discursiva), procuran una comprensión y bienestar que no pueden ser descritos con palabras. Y no cabe duda de que tales estados (denominados en el budismo *jhnanas* o *dyanas*) modifican, cuando se experimentan, la vida de la persona, dejan en su interior una fragancia que trabaja en favor de la transmutación interna. Tales estados de ensimismamiento y absorción (trances yóguicos) han sido anhelados por los místicos de todas las épocas y latitudes, porque ellos derraman un néctar de sabiduría que es inalcanzable de otra manera. No es que dichos estados por sí mismos proporcionen el Nirvana, pero lo que es indiscutible es que facilitan una interiorización y quietud muy valiosas. Estos estados, de acuerdo con el budismo, serían insuficientes por sí mismos, porque los otros siete factores del Sendero son imprescindibles, pero ellos ayudan precisamente a comprenderlos y observarlos, purifican la mente, quiebran las rígidas estructuras del ego. Ayudan también a liberar la mente, y como decía Buda:

> Esa inquebrantable liberación de la mente, empero, ésa es de cierto el objeto, ésa es la *arahatidad* (santidad), ésa es el corazón de la austeridad, ésa es la Meta.

Hay mediante esos estados superiores de la conciencia ensimismada, absorta, una apertura liberadora de la mente. Y aunque las palabras pueden decir muy poco de estos estados, me referiré a ellos brevemente. Vienen dados mediante la denominada meditación de concentración y tranquilidad (*samatha*). En la medida en que se va concentrando más y más la mente, absorbiéndola en el soporte de la concentración, se van ganando grados de mayor éxtasis, consiguiéndose una vigorosa unidireccionalidad de la conciencia que los yoguis denominan *ekagrata*.

Aunque los budistas le confieren mayor importancia liberadora a la meditación *vipassana* que a la de concentración, eso no quiere decir que la concentración no desempeñe un gran papel coadyuvante para la transformación interior y además intensifica el desapego, el desprendimiento y suspende la acción del ego, aunque, de acuerdo con los budistas, no puede totalmente desenraizar los *samskaras* o impresiones más abisales del inconsciente, que es lo que sí puede hacer la meditación *vipassana* y esa especial manera de ver y percibir que es *vipassana*. En el *Samyutta Nikaya* se nos dice:

> La concentración de la mente, que se obtiene a través de la atención a la respiración, si se cultiva y se practica con regularidad, es sosegada y sublime, es un estado puro y feliz de la mente que hace que se desvanezcan inmediatamente las ideas perniciosas y no saludables en el momento que surjan.

Y Buda le aconsejaba a su hijo Rahula:

> Desarrolla la meditación sobre la inspiración y la espiración, Rahula, pues la atención a la respiración, desarrollada y practicada con frecuencia, rinde mucho y es muy conveniente.

Primer *jhnana*: refrena los estímulos sensoriales y silencia nuestras respuestas internas a ellos, sumiéndolos en un estado de serenidad, más allá de los venenos de la mente y del apego, experimentando contento y seguridad y logrando la unidireccionalidad de la mente sobre el objeto, aunque ésta continúa funcionando todavía y mucho más sutilmente que en su estado habitual, de manera discursiva y conceptual. Surge un torrente de confianza en uno mismo, alegría (que de alguna manera muy sutil todavía es apego o perturbación), un excelente nivel de concentración en el que todavía hay deliberación. Es un primer paso hacia el éxtasis profundo, un primer bocado a probar de los deliciosos frutos que todavía esperan.

Segundo *jhnana*: intensifica el estado de quietud y la concentración se hace más profunda. La mente permanece en su condición natural, en toda su pureza. No analiza, no delibera, no reflexiona. Se sitúa más allá del raciocinio. Sentimiento de inefable unidad. No sólo la mente está serena, sino también el cuerpo. Se presenta un sentimiento de compasión, al que, no obstante, el meditador no debe apegarse.

Tercer *jhnana*: permite un estado de completa neutralidad, ecuanimidad y desapasionamiento, hasta tal punto que el mismo júbilo como tal se eclipsa. La imperturbabilidad es absoluta. Lucidez, conciencia pura, profundización en la contemplación. Calma absoluta.

Cuarto *jhnana*: representa una gran elevación, un estado muy alto de reabsorción, ajeno a toda dualidad, al placer-displacer, alegría-dolor. Un ánimo estable, una mente hiperlúcida, una conciencia que ha sido capaz de saltar fuera de las redes del ego. Ningún condicionamiento sensorial surgido del propio subconsciente, ninguna mácula de deseo, la experiencia desnuda de la contemplación donde nada interviene que no sea dicha contemplación.

El primer *jhnana* se define por el contento; el segundo, por el afecto; el tercero, por la ecuanimidad; el cuarto, por la absoluta pureza más allá de toda dualidad, por la contemplación en su más pura esencia. Cada *jhnana* representa un estado de mayor elevación. Y estos cuatro *jhnanas* o *dyanas* conducen a otros cuatro estados todavía de mayor reabsorción y más pura contemplación, que se llaman *arupa* (sin forma, *jhnanas* informes) o adquisiciones. Proyectan al universo sin forma a la vacuidad. ¿Qué nos pueden decir las palabras sobre estados tan sublimes? Representan una ausencia de personalidad, de ego, de conciencia ordinaria, de dualidad, de toda limitación, de identidad personal. No es conciencia ni no conciencia. A tales alturas místicas no alcanzan ni siquiera las palabras más bellas y significativas de los poetas. En los estados de *arupa* todo desaparece para el individuo. Es. Pero ¿quién hay para ser? Recurramos al *Digha Nikaya* para hacer referencia a los cuatro *arupas*:

> Habiendo superado el cuarto *jhnana*, entró en un estado en el cual sólo está presente la infinitud del espacio, y dejando esa simple conciencia del espacio infinito, penetró en un estado de mente en el cual sólo está presente la infinitud de la conciencia universal, y dejando esa simple experiencia de la infinitud de la conciencia universal, entró en el estado de la mente en el cual sólo está presente la nada, entró en el estado de la no conciencia y la no inconsciencia y superado este estado, alcanzó el fin de toda sensación.

Todos los *jhnanas* son como escalones que al ir ascendiéndolos proporcionan una visión más amplia y penetrante, un conocimiento más puro e intuitivo. Se trata de una ascensión gradual, de una conquista progresiva de la cima, como el hábil y tenaz escalador va ascendiendo por la empinada pared de la montaña. Los faros de la Sabiduría y la Iluminación se van recogiendo en la medida en que se avanza, pero sólo el Nirvana representa la iluminación definitiva. Estos estados permiten, sin duda, intuiciones profundas. Comienzan con la tranquilización de la mente (*samatha*) y van aumentando la intensidad de concentración. Es la vía de la contemplación. Otro método es el de la vía de la sabiduría discriminativa, que basándose en el desarrollo de la atención (las técnicas expuestas por el *Satipatthana Sutta* o Sermón de la Atención) trata de desencadenar el *vipassana* o visión profunda (intuición) y realizar, a la luz de la más clara conciencia, toda la enseñanza de la Doctrina. Una y otra vía (*samatha* y *vipassana*) se complementan perfectamente y según el carácter de la persona, puede ésta inclinarse más por una que por otra. En realidad son dos vías que caminan codo con codo y se interpenetran. Toda clasificación, por otro lado, es inevitablemente artificial, aunque debe recurrirse a ella para hacer más fácil y accesible la exposición. La mente es ese estado superior que permite penetrar en la propia budeidad, ese elocuente vacío que todo lo llena y que es la Realidad.

LA MEDITACIÓN BUDISTA

I

La meditación y
su ALCANCE

La meditación es el método específico para alcanzar estados de claridad y penetración en la mente, pudiendo así aprehender la última realidad. Es, asimismo, una técnica milenaria para ir superando los esquemas y patrones de la mente, ganar en perspicacia cotidiana y espiritual, liberar la mente de todas sus ataduras, drenar el inconsciente y posibilitar la visión esclarecida y que realmente transforma y purifica.

La meditación es también una técnica para reorganizar la psiquis a un nivel más elevado y, desde luego, un procedimiento para adiestrar y desarrollar la mente, pudiendo lograr que ésta se torne herramienta liberadora.

Mediante la meditación se trata de descubrir la Realidad, aquella que se sitúa más allá del mero conocimiento racional;

es un puente que se extiende de lo cotidiano a lo no condicionado, que libera de los impedimentos que ocultan la Sabiduría. Tiende a serenar la mente y desarrollar la intuición.

La enseñanza de Buda concede gran importancia a la disciplina mental. Buda incorporó a su práctica técnicas psicomentales que durante muchos siglos antes que él habían utilizado los yoguis y habían sido muy verificadas en la India por grandes maestros. Estas técnicas le fueron de gran ayuda a Buda, que tuvo dos grandes maestros —que sepamos, quizá más— de yoga, pero él decidió investigar en un cuerpo de técnicas que fue ensayando por sí mismo y que dieron por resultado la denominada meditación *vipassana*, que adquiere su máximo significado dentro del cuerpo de enseñanzas budistas y que él puso al servicio del *Dharma* y de la búsqueda del Nirvana.

Los tres grados últimos del Sendero (recto esfuerzo, recta atención y recta concentración) se encargan del entrenamiento, purificación y perfeccionamiento de la mente. La meditación budista es una de las más elaboradas y resulta conveniente para todo el mundo, cualesquiera sean sus creencias o su edad. La única manera de penetrar y comprender el *Dharma* (e incorporarlo a las propias actitudes vitales) es la meditación. Es, además, el método más fiable y eficiente para sosegar la mente, superar los conflictos y vencer el temor. Y sólo así una mente madura para que la Sabiduría se vaya manifestando. Son palabras del *Dhammapada*:

En aquel cuya mente es inconstante, que ignora la ley verdadera y carece de confianza, la sabiduría no alcanza su plenitud. Para aquel cuya mente no está agitada ni turbada por el deseo, que ha trascendido el bien y el mal, para ese hombre despierto, el temor ya no existe.

Y en el mismo texto:

Verdaderamente, de la meditación brota la sabiduría. Sin meditación, la sabiduría mengua.

La psicología budista es una de las más profundas, sutiles
y lúcidas con que cuenta la historia de la humanidad. Sabe
que cada persona tiene su grado de madurez e inteligencia, su
carácter, su temperamento, su mayor o menor capacidad para
comprender en mayor o menor profundidad el *Dharma*. De
ahí que unas personas se sientan más proclives y estén más
preparadas para una forma de meditación que para otras. De
hecho, han sido siempre tres los caminos tradicionales en la
India hacia la Sabiduría, para que cada persona se introduzca
en el que mejor se avenga con su temperamento. Tales sende-
ros han sido: *gnana-marga* o sendero de la mente, *bhakti-mar-
ga* o sendero devocional y del corazón, y el *karma-marga* o sendero de la acción consciente y desinteresada. Aunque en el
budismo más antiguo no existe un sendero devocional, sí existen valiosas técnicas de meditación para el cultivo y desarrollo de las emociones. También el budismo, como el yoga desde varios siglos antes, considera que el ser humano es el resultado de sus pensamientos y actos. Los actos serán una
consecuencia de los pensamientos; unos y otros originan karma y encadenan al *samsara*, excepto si la persona se ha establecido en el desapego, más allá de toda reacción o intención
volitiva. El cultivo de pensamientos y emociones positivos
modifica positivamente el carácter, las acciones, los hábitos.
Patanjali, el gran sabio del yoga, recomienda, como sabemos,
cultivar las emociones positivas para debilitar y desprendernos
finalmente de ellas.

Existen numerosos factores que condicionan el carácter y el temperamento del ser humano. No se trata ahora de analizarlos en profundidad, pero se pueden señalar algunos de ellos: la herencia, la constitución orgánica, el entorno en el que se ha nacido, la educación, las pautas socioculturales que reinan en la sociedad en la que se desarrolle el individuo y otros. Naturalmente, para las tradiciones que aceptan los sucesivos renacimientos, el factor más destacable es la carga kármica o ese karma acumulado en vidas anteriores y que forzosamente condiciona la presente. Desde este punto de vista, todo ser es responsable de sus pasadas acciones y de las futuras, y el ser humano tiene la capacidad –y el extraordinario privilegio– de poder realizar en la vida un esfuerzo excepcional para obtener la Liberación o al menos avanzar muy considerablemente hacia ella. Nuestro karma, de acuerdo con esas tradiciones, nos impulsa a renacer en unas condiciones determinadas y con numerosas propensiones de todo tipo. Son muchas las clasificaciones que se pueden efectuar con respecto al carácter y el temperamento de una persona. De todas maneras no existen tipos puros. Hay individuos que por naturaleza son más contemplativos que activos y viceversa; otros que prefieren realizarse en soledad y otros que optan por hacerlo en sociedad. Las dos vías son válidas. Hay personas de acción y personas de contemplación, y personas que logran el equilibrio perfecto entre la acción y la contemplación. Pero una característica es común a todo ser humano y es que en tanto no realiza su budeidad, prosiguen los oscurecimientos de la mente y las tendencias insanas, y todo ello es producto de la ofuscación y retroalimenta la ofuscación. Las técnicas budistas de meditación son tan extensas como eficientes y las personas de cualquier temperamento pueden obtener un beneficio de su práctica.

Para la meditación, hay que adoptar una posición en la que el tronco y la cabeza estén erguidos. Se puede adoptar cualquier posición meditativa de yoga o practicar sentado en una silla o taburete. La respiración debe ser tranquila por la nariz preferiblemente, y si hay obstrucción nasal, por la boca pero uniformada. Hace falta firme resolución, motivación, esfuerzo bien encaminado y asiduidad. Hay que estar tan atento como sea posible, corrigiendo la atención cada vez que se desvíe del objeto de la meditación.

Existen en el budismo dos grandes ramas de meditación. El término utilizado para meditación es *bhavana*, que puede traducirse por cultivo o desarrollo, también adiestramiento. Una de las ramas es *samatha-bhavana* y la otra *vipassana-bhavana*. La primera de ellas tiene un gran poder para concentrar y tranquilizar la mente, y unificar la conciencia en grado sumo. Su práctica hace posible el acceso gradual a los ocho *jhnanas* o absorciones mentales.

El *vipassana-bhavana* se empeña en el desarrollo de la visión interior, del conocimiento intuitivo, y del despliegue de esa visión tal especial y transformadora que es *vipassana* o visión cabal; visión profunda, penetrante, que hace posible la aprehensión directa de las tres características de todo lo constituido (sufrimiento, impermanencia y ayoidad). La práctica de la meditación *vipassana* va originando golpes de intuición, vislumbres, que modifican la vida interior del practicante y le van conduciendo al Nirvana. Libera la mente de sus ataduras, clarifica la percepción, desarrolla metódica y armónicamente la atención, elimina las tendencias nocivas de la mente, modifica los viejos modelos de pensamientos que engendran desdicha, y disipa la ignorancia básica, el apego y el aborrecimiento. Ambas formas de meditación se complementan y enriquecen y la práctica de una de ellas facilita la de la otra, pero para los budistas es la meditación *vipassana* la que por completo aniquila las tendencias subyacentes y negativas de la mente, agotando la fuerza de los *samskaras* o condicionamientos e impresiones subliminales.

La meditación *samatha* prepara y forma para la de *vipassana*, pues cuanto mayor sea la serenidad, el vigor y la concentración de la mente, tanto más capacitado se estará para desarrollar la comprensión profunda a través de la meditación *vipassana*, que es sin duda exhaustiva y exige un continuado esfuerzo de atención y acomodación a las tres características básicas de la existencia. Es en último grado la *vipassana* la que reporta el conocimiento y penetración de la última realidad y pone término a la ofuscación, la avidez y el odio, conduciendo al Nirvana.

En la medida en que la persona va meditando con asiduidad, van desplegándose los factores de iluminación, que ya deben ir interviniendo en la práctica meditativa desde el principio, y que son: la energía, la atención consciente, la ecuanimidad, el sosiego, el contento interior, la indagación de la realidad y la lucidez. Están en toda persona en simiente, pero con la práctica perseverante de manifiestan y desarrollan, venciendo así el desasosiego, la duda, el abatimiento, la ofuscación, la avidez, el odio y tantas otras corrupciones, y pudiendo erradicar las raíces de lo insano y potenciar los estados sublimes: amor, compasión, alegría compartida y ecuanimidad, y despertando vivamente muchas perfecciones (*paramitas*), como paciencia, generosidad, benevolencia y tantas otras.

II

La meditación
SAMATHA

La mente del ser humano es muy dispersa, indócil, incontrolada, superficial y dada a crear engaños de todo tipo. Es una mente que acarrea toda suerte de condicionamientos que la mantienen esclavizada, le roban el sosiego y la lucidez. Una mente así no está capacitada para el sosiego y menos para la lucidez. Pero como dicen los yoguis desde antaño, la misma mente que te encadena es la que te libera. La mente es perfeccionable y desarrollable, y la meditación es el método idóneo para ello.

Hay que ejercitarse para calmar, concentrar y esclarecer la mente. De ello se encarga la meditación *samatha*, que permite la unificación y tranquilización mentales. Para ello el practicante tiene a su disposición los cuarenta soportes tradicionales de meditación *samatha*. Son los objetos en los que fijar la atención y lograr la unificación mental o concentración, pues la concentración es la fijación de la mente con absoluta exclusión de todo lo demás.

Los cuarenta soportes u objetos tradicionales de meditación *samatha* son:

— Los diez *kasinas* u objetos externos: tierra, agua, fuego, aire, azul, amarillo, rojo, blanco, luz y espacio.
— Los diez *asubha* (cosas desagradables) o impurezas del cadáver: cadáver abierto, cadáver mutilado, cadáver desmembrado, cadáver despedazado, cadáver sangrando, cadáver comido por los gusanos y el esqueleto (es decir, el cuerpo desde que muere hasta su total descomposición y su conversión en esqueleto).
— Las diez *anussati* o recolecciones: Buda, la Doctrina, la paz del Nirvana, la muerte, el cuerpo y la respiración.
— Los cuatro *brahma-viharas* o estados sublimes (tambien denominados Santas Moradas): amor, compasión, alegría compartida y ecuanimidad.
— Los cuatro *arupas* o planos inmateriales: el espacio limitado, la conciencia ilimitada, el plano de la no percepción y el plano donde no existe ni la percepción ni la no percepción.
— *Sanna* y *vavathana*, que representan el examen y análisis de la alimentación y de los cuatro elementos.

Hablemos de *kasina*, que es uno de los objetos más poderosos para la concentración mental y la unificación de la conciencia. El *kasina* es un soporte externo. La meditación sobre un *kasina* es muy útil para la unidireccionalidad de la mente.

Previene de manera eficaz contra la dispersión mental y favorece el control de la propia mente.

El practicante debe preparar su propio *kasina* y ya dicha preparación exige un estado meditativo. Hay que preparar el *kasina* con toda atención y recogimiento, porque empezar a prepararlo es, o debe ser, comenzar a meditar. El ánimo debe estar sereno, la mente receptiva y atenta, la disposición favorable, la resolución firme. Los discos de colores (rojo, azul, amarillo) son muy útiles para canalizar las energías mentales. Puede seleccionarse cualquier color, pero unos serán más apropiados que otros atendiendo al temperamento y carácter del meditador, pues como es sabido los colores tienen una influencia anímica, ya sea para activar o sedar. Estos círculos pueden realizarse en madera o tela (los textos se extienden sobre su preparación), y en la actualidad sobre cartón, papel, etcétera. El tamaño del círculo puede variar considerablemente, dependiendo éste del grado de evolución que el practicante haya obtenido en la concentración. El diámetro del círculo será mayor para un principiante que para una persona con práctica. El círculo pequeño permite una gran agudeza de la mente.

Después de haber preparado el *kasina*, el practicante lo coloca a cierta distancia de él, un poco más abajo que la línea horizontal de sus ojos, y fija en dicho *kasina* la mirada y la mente, con toda la atención posible, evitando cualquier esfuerzo visual. Después de unos segundos o minutos, se cierran los ojos y se representa con la mayor viveza posible el soporte externo. Si puede visualizarse, se atrapa la imagen tanto como sea posible y cuando se haya desvanecido por completo, se abren los ojos y se observa de nuevo el *kasina*. Cuando se llevan meses de práctica (esto es muy variable, ya que también pueden ser semanas, años o toda una vida), aparece en la mente el *nimitta*, después de haber observado el *kasina* y cerrar los párpados o apartar la vista de aquél. El *nimitta* es una contraimagen o imagen mental reflexiva resultante de la observación y concentración sobre el *kasina*. Puede ser desarrollado en alto grado y cuando se presenta, el meditador debe utilizarlo como soporte de concentración. El *nimitta* aparecerá y se desvanecerá, pero poco a poco, sin ansiedad ni desfallecimiento, hay que ir logrando que se mantenga y gane intensidad. Puede llegar a ser tan vívido y fiel como el soporte externo. Hay que ir intensificando la atención sobre el *nimitta*, pero debe evitarse toda tensión. La concentración sorbe el *nimitta* va afirmando la mente y unificándola de tal manera que conduce hasta el primer *jnana*. El practicante no debe empeñarse en conseguir el *nimitta*. Si surge, se cultiva, pero si no es posible trabajar con él, se sigue trabajando con otras técnicas de concentración y meditación.

Después de haber observado el *kasina*, la imagen que puede surgir con nada más cerrar los ojos o apartar la mirada se llama «imagen preparatoria». Al ganar el practicante en concentración, esta imagen se hace un poco más nítida, aunque sigue siendo imprecisa e inestable. Tal imagen se denomina «imagen adquirida». Cuando la concentración se hace mucho más penetrante aparece una imagen fiel y nítida, llamada «contraimagen».

Los *kasinas* son medios inductorios de concentración y, más adelante, para las absorciones de la mente. También se utilizan como objetos de concentración y unificación de la conciencia una porción de tierra, de agua o de fuego, así como la luz y el espacio.

El *samatha-bhavana* deja un estado de paz y de armonía, una «fragancia» anímica que persistirá en la vida cotidiana, sobre todo en la medida en que se vaya perfeccionando su práctica. De ahí que el adiestramiento de la meditación *samatha* —y aunque no se consigan los *jhnanas* o ni siquiera se pretenda llegar a ellos— sea un entrenamiento eficiente y saludable para la práctica de la meditación *vipassana*.

La meditación sobre el cadáver tiene por objeto rebajar o eliminar el apego sensorial.

Son objetos de meditación, asimismo, como he dicho, la Doctrina o la muerte u otros temas, o los cuatro estados sublimes, o un ejercicio muy importante de meditación amorosa (*metta*) que consiste en irradiar amor y benevolencia en todas las direcciones y hacia todas las criaturas.

Un ejercicio de enorme importancia (que a la vez puede ser utilizado tanto para la meditación *samatha* como para la de *vipassana*) es la atención a la respiración, a la que luego haré referencia.

III

La meditación
VIPASSANA

Vipassana quiere decir intuición, visión clara y penetrativa, captación repentina y supraconsciente de la realidad, experiencia directa, visión interior cabal. Es la visión profunda y clara de lo que es, de acuerdo con la enseñanza budista: insatisfactoriedad, impermanencia y ayoidad. Mi buen amigo y hermano en el *Dharma*, Amadeo Solé-Leris, especifica:

> *Vipassana* significa, literalmente, «ver del todo», «ver a la perfección», o sea, ver las cosas íntegramente, cabalmente, tal y como son.

Es la visión penetrativa y clara que libera a la percepción y la cognición de prejuicios, opiniones, preconceptos, esquemas o patrones, y que permite que operen con toda pureza, reportando un conocimiento real y no falseado. Aplicando este tipo tan singular y fiable de visión a la contemplación de la naturaleza mudable de todo lo material y lo mental que se procesa en uno mismo, se obtiene la aprehensión directa de la insatisfactoriedad, la impermanencia y la ayoidad, lo que muta la conciencia, supera los habituales esquemas mentales y procura otro modo de ser, sentir y conocer. Al no existir nada permanente, nada puede ser satisfactorio, excepto ese estado supramundano que es el Nirvana, que pone fin a toda desdicha mental y libera la mente de sus trabas.

Después de haber abordado con toda clase de detalles lo que es y representa esa visión penetrativa y que reporta una aprehensión directa –incluso abrupta o repentina– de la realidad de los fenómenos tal y como son, podemos decir que la meditación *vipassana* (*vipassana-bhavana*) es aquella que se propone, con sus definidos ejercitamientos, desarrollar este tipo tan especial de percepción y visión que produce transformaciones profundísimas e irreversibles en la conciencia de la persona, poniéndole en contundente evidencia de que todo lo constituido está sometido al sufrimiento, la impermanencia y la impersonalidad, y modificando en lo más íntimo las estructuras de su mente. Era el gran erudito Nyanatiloka el que especificaba:

> *Vipassana* es la luz intuitiva que brota como un relámpago revelando la verdad de la impermanencia, el sufrimiento y la naturaleza impersonal e insustancial de todos los fenómenos de la existencia, tanto físicos como mentales. La sabiduría que reporta *vipassana* (intuición) es el factor decisivo de Liberación en el budismo, aunque tiene que ser desarrollada conjuntamente con las disciplinas morales y de concentración. La cima de la práctica

de *vipassana* conduce directamente a las cuatro etapas de la iluminación. Esta visión penetrante (*vipassana*) no es el resultado de un mero entendimiento intelectual, sino el fruto de la observación meditativa directa de nuestros propios procesos corporales y mentales.

Para poder obtener ese fruto se realiza la meditación *vipassana*, aquella que va conduciendo al practicante a la purificación de la mente, liberándola de sus corrupciones, y desarrollando esa visión clara que es sabiduría liberadora.

Volviendo a Amadeo Solé-Leris, explica sobre la meditación *vipassana*:

> Es, literalmente, una toma de conciencia de todos los fenómenos, que revela su esencial impermanencia y falta de entidad, es decir, de «yo», personalidad o esencia perdurable. Se trata en definitiva de realizar la apercepción (o sea, la percepción acompañada de atención consciente) total de la radical impermanencia de todos los fenómenos, apercepción que se extiende a las mismas estructuras psicomentales que la viven y, en consecuencia, las trasciende vivencialmente. Esta vivencia es la visión cabal, o *vipassana*.

Si la meditación *samatha* introduce a la completa unificación de la mente, a la concentración perfecta y a la absorción o éxtasis, la meditación *vipassana* lleva a la intuición que hace posible la aprehensión directa y plena de las tres características de la existencia y de la última realidad. Yo no creo que se deba dudar en absoluto de la importancia de la meditación *samatha* ni mucho menos subestimarla, aunque sea necesario reconocer que la meditación *vipassana* es la básicamente budista ya que se acomoda de modo fundamental a toda la Enseñanza budista y a su comprensión más allá del mero entendimiento intelectual. Lo ideal es la combinación de ambos métodos, el adiestramiento en ambos tipos de meditación, pues de tal forma se obtienen imperturbabilidad y conocimiento, máxima concentración y visión penetrante. Efectivamente, si un practicante desarrolla en alto grado la concentración, pero no consigue la Sabiduría, su desarrollo es incompleto, pero también es necesario considerar que la técnica del *vipassana* sin la obtención de una mente concentrada y controlada se hace todavía más difícil. *Samatha* purifica la mente y logra su unidireccionalidad. Una mente purificada y concentrada puede ser aplicada en profundidad, perseguir con más eficacia la sabiduría trascendental. La meditación *samatha* y sus numerosas técnicas eran bien conocidas cientos de años antes de Buda. De hecho es la meditación yoga por excelencia. Desde la noche de los tiempos los yoguis utilizaron todas esas técnicas psicomentales y otras muchas para modificar su temperamento, perfeccionar su carácter, lograr la unificación de la conciencia, inhibir todos los procesos mentales y conseguir un estado de máxima quietud mental que permitiese el acceso a la supraconciencia o visión supramundana. Buda practicó la meditación *samatha* a fondo, pero obtuvo la iluminación definitiva con la intervención del *vipassana*.

La meditación *samatha* tranquiliza en alto grado la mente, la limpia de obstáculos e impurezas, la ayuda a madurar, la libera de conflictos y contradicciones, la dota de frescura y mayor capacidad de receptividad, le proporciona con las reabsorciones un nuevo alimento y la hace libre e independiente. Pero la meditación *samatha* debe ser como una escalera que conduzca a otra escalera más elevada. El deleite que procura la meditación *samatha* puede atraer a los practicantes como la miel a las moscas. Hay que ir más allá. Es necesario aprovechar los valiosos frutos que se desprenden de la meditación *samatha* y seguir avanzando hacia la penetración profunda y luminosa de la Realidad. El gozo que confiere la meditación *samatha* puede producir apego, puede convertirse en una trampa, en un condicionamiento muy sutil. El despertar definitivo exige la aplicación de esa mente unificada a la indagación, la discriminación sagaz, la vigilante y desapasionada e implacable observación de todos los fenómenos físicos y mentales, internos y externos, acomodándolos a las tres características básicas de la existencia y constatando éstas en todos ellos. El estado de alerta, la atención mental presta, la observación infatigable y la toma de conciencia nos capacitan para una profundización o penetración tal que provoca destellos de intuición valiosísimos. El practicante observa, inquiere a la luz de la más clara conciencia, mantiene presente en su observación atenta las características de la existencia, ve en los procesos físicos y mentales el sufrimiento, la ayoidad o carencia de identidad fija, la impermanencia o transitoriedad. Va surgiendo así un nuevo conocimiento muy superior, una alta comprensión liberadora, una perceptividad extraordinaria, fugaces y repentinas pero trascendentes iluminaciones que disuelven la ignorancia y disipan los oscurecimientos de la mente, esperando las ataduras o trabas. Se requiere, sin embargo, un trabajo intenso, exhaustivo, mucha seriedad, notable agudeza y gran precaución para no desplomarse en vanos análisis o especulaciones, inquebrantable voluntad y perseverancia.

La mente observante debe contemplar la aparición, desarrollo y cesación de los fenómenos, y para ello se utilizan como objetos de atención las propias actividades psicofísicas: cuerpo y mente. Surgen, tienen una relativa duración y desaparecen. La observación de estos fenómenos va demostrando su ausencia de propia identidad, su insatisfactoriedad y su impermanencia, así como su condicionalidad.

Vipassana dota de luz necesaria para realizar a nivel intuitivo la interdependencia de todas las cosas, la ausencia de una entidad personal e inmutable. Vivencias profundas y directas van sobreviniendo con la práctica de la meditación *vipassana*, nuevos grados de comprensión.

Según el formidable texto llamado *Visuddhi Magga*, son numerosos los principales tipos de conocimiento reportados por el *vipassana*:

- La contemplación de la permanencia disuelve la idea de permanencia.
- La contemplación del sufrimiento disuelve la idea de felicidad.
- La contemplación de la impersonalidad disuelve la idea de la yoidad.
- La contemplación de la aversión elimina el apego.
- La contemplación del desapego combate la avidez.
- La contemplación de la extinción vence la idea de aparición.
- La contemplación de la degradación disuelve la idea de consistencia.
- La contemplación de la desaparición combate la acumulación de karma.
- La contemplación del cambio disuelve la idea de duración.
- La contemplación de lo incondicionado vence las condiciones.
- La contemplación de la ausencia de deseo vence el disfrute.
- La contemplación del vacío disuelve las formas.

- La visión penetrante (*vipassana*) de lo fenoménico, que es la sabiduría trascendental, vence el anhelo y el apego a la idea de sustancia.
- La contemplación del conocimiento y visión según la auténtica realidad vence el apego a la ilusión del ego y del mundo.
- La contemplación de la infelicidad o el peligro vence el apego y el anhelo.
- La contemplación reflexiva vence la negligencia y la falta de atención.
- La contemplación de dar la espalda a lo fenoménico desata los nudos y vence el aferramiento.

Con respecto al efecto o fruto que surge de que la ausencia del deseo venza al disfrute, hay que entender que el goce que proporciona precisamente la ausencia de deseo es muy superior al goce ordinario, basado en los sentidos y la dualidad, pero ese gozo de orden superior no es entendible por la persona mundana que no sigue el entrenamiento adecuado.

Hay según el *Anguttara Nikaya* cuatro perversiones/distorsiones que impiden la visión de la auténtica realidad y que pueden ser de percepción, conciencia u opiniones; son las siguientes: considerar lo que es impermanente como permanente, lo que es penoso como placentero, lo que no tiene identidad como poseyéndola, lo que es impuro como puro. En la medida en que el practicante va avanzando por el Sendero, tales perversiones/distorsiones se van disolviendo. En cuanto al tipo de conocimiento expuesto en el punto penúltimo, señalaré que la contemplación reflexiva consiste en utilizar el discernimiento y la indagación discriminatoria de forma insistente para poder captar el carácter de sufrimiento-ayoidad-impermanencia de todos los fenómenos.

La técnica del *vipassana* no deja nada al azar. Es la enseñanza del rigor, implacable. No hace ninguna concesión y se previene contra todos los posibles autoengaños, incluso contra cualquier estado de complacencia, que puede originar o apego, es decir, ataduras. Nada se deja a la imaginación; nada es por casualidad. Se requiere mucha ecuanimidad en la contemplación. No se trata de juzgar, valorar o reflexionar, sino de observar con absoluto desapasionamiento, con completa ecuanimidad y sin reaccionar, con imperturbable indiferencia, los procesos que surgen y se desvanecen en el cuerpo, la mente o ambos.

El cultivo del *vipassana* es la vía hacia el Nirvana. La atención mental desempeña un papel fundamental en la consecución del *vipassana* y la captación directa y profunda de la última realidad. A medida que la mente se va transformando se superan los modelos de pensamientos que engañan y originan desdicha y se consigue una mente clara, imperturbada, llena de dicha y equilibrio.

Por tanto, para la meditación *vipassana*, como técnica elaborada y práctica asidua, es decir, como método sistemático de ejercitamiento, la persona con la máxima atención y ecuanimidad observa los procesos de su cuerpo-mente. Hay numerosos ejercicios, inspirados todos ellos en el célebre sermón de Buda sobre la atención, el *Satipatthana Sutta*. Los budistas de viejo cuño valoran extraordinariamente esta meditación, considerándola como la más transformativa de todas y que conduce a la superación de las trabas mentales y la obtención del Nirvana. Vajirana Thera señala:

> La verdadera meditación búdica es *vipassana-bhavana*, la meditación acompañada de la visión esclarecedora. Si bien otros sistemas místicos o tántricos producen resultados psíquicos, ellos no

conducen a los meditadores al Nirvana, a la liberación de los tres fuegos: la ignorancia, el deseo y el odio.

Y mi recordado y admirado amigo el monje Narada Thera:

La disciplina regula las palabras y los actos, la concentración controla la mente, pero únicamente la *vipassana* permite la aniquilación completa de las pasiones, inhibidas temporalmente por la concentración.

Insisto en que los requisitos básicos de la meditación *vipassana* son la atención, la vigilancia y la toma de conciencia, la observación atenta y desapasionada de los procesos (aparición, desarrollo, desaparición). La profundización en tales procesos pone de manifiesto la realidad de los *skandas* (agregados del apego, de la impersonalidad y lo condicionado), y en suma favorece la total comprensión de la Enseñanza.

Hay que trabajar con la atención mental pura, sin juicios ni prejuicios, que se limita a captar lo que es. Se dirige al cuerpo o la mente, o *mabos*, y se va tomando conciencia del surgir y desvanecerse de los procesos, sin apropiárselos, sin aprobar ni desaprobar, con máxima ecuanimidad, sin apego ni aversión, sin que intervengan ideaciones o discurso mental. Esa atención pura o desnuda se limita a reseñar, captar, reconocer más allá del pensamiento y sus dualidades. Se toma conciencia del proceso tal cual se manifiesta, limpiamente, sin ideas ni reflexiones, sin actitudes de aprobar o desaprobar, sin aferrar ni rechazar. Se va entrenando así metódicamente la atención, haciéndosela muy intensa y penetrativa y logrando que la percepción sea pura y por tanto portadora de sabiduría. El entrenamiento es imprescindible, para intensificar la atención y la capacidad de percepción pura. Es la captación escueta pero penetrativa del proceso. La atención tiene un gran poder liberador y transformador.

La contemplación de los propios procesos puede llevarse a cabo en cualquier momento de la vida cotidiana, aplicando la atención al cuerpo, a la mente o a ambos. Se puede mantener así la actitud meditativa en la acción.

Samatha-bhavana y *vipassana-bhavana* se complementan muy bien para cultivar la vida interior y la relación con el exterior, para conseguir un equilibrado balance entre la contemplación y la acción; la primera de ellas permite una actitud de calma y una experiencia de quietud muy convenientes sobre todo cuando se lleva una vida excesivamente activa y frenética en estímulos externos; la segunda incorpora la enseñanza a la vida misma e incluso los obstáculos o adversidades que se presentan son utilizados como medio liberatorio y se someten a profunda observación y acomodación a las tres características básicas de la existencia. Es necesario permanecer atentos en cada momento, vigilantes a todo lo que sucede o se está realizando, viviendo el esto-aquí-ahora; desarrollar la captación y penetración.

La vida cotidiana puede convertirse así en un vehículo hacia el Nirvana; los obstáculos se tornan instrumentos de perfeccionamiento, aliados de transformación, despertadores que nos ayudan a comprender con lucidez *dukkha-anatta-anicca*.

Mediante *samatha-bhavana* afilamos la mente, estimulamos la concentración, para luego utilizar esa mente más unificada y controlada para la indagación de los procesos mediante esa observación atenta y ecuánime, arreactiva, que es *vipassana*. La meditación *samatha* es, pues, un excelente coadyuvante. Primero se trata de agudizar la mente, estabilizarla, ponerla bajo control, para desde ahí que resulte más penetrativa en la observación de los procesos que surgen y se desvanecen. Para algunos maestros la meditación *vipassana* puede llevarse a cabo directamente, sin la meditación *samatha*; para otros no hay por qué desdeñar una meditación también tan valiosa como lo es la *samatha*, por lo que lo más oportuno es combinarlas.

La meditación *vipasssana* toma como soportes para su desarrollo todos los procesos y fenómenos, es decir, su observación, penetración y comprensión. Los objetos-soporte de la meditación *samatha* no son utilizados en la meditación *vipassana* a excepción de alguno de ellos que tiene doble función (sirven para ambos tipos de meditación), como es la atención a la respiración (*anapana-sati*). En la meditación *vipassana*, si aparece el *nimitta*, se ignora y se lo deja ir, no se lo convierte en soporte de meditación.

Buda declaró:

Yo he mostrado el sufrimiento y la liberación del sufrimiento.

La meditación *vipassana* pretende desenraizar todas las «espinas» de la mente, agotar y aniquilar todos los *samskaras* (condicionamientos subliminales) y liberar así de manera definitiva la mente de todas sus corrupciones. Produce también una función muy profunda de drenaje del inconsciente, va reorganizando toda la vida psíquica en una dimensión bien distinta y transforma todas las actitudes mentales, descartando los viejos modelos de pensamiento que, supeditados a la ignorancia, producen desdicha.

Mediante la práctica de la meditación *vipassana* desarrollamos todos los tipos de purificación, conquistamos la comprensión clara y vamos adueñándonos de la visión penetrativa y cabal.

Las purificaciones son como eslabones conducentes unos a otros. La purificación moral conduce a la mental; la mental a la de las opiniones; la de las opiniones a la que vence la duda; la que vence la duda a la purificación a través del conocimiento y discernimiento de cuál es el Sendero y cuál es el falso sendero; la del conocimiento y visión del progreso en el sendero a la purificación del conocimiento y a la *vipassana*, y de aquí se va uno aproximando al *arahatidad* o iluminación.

La comprensión clara (*sampajañña*) es en palabras de Nyanaponika:

> La fuerza reguladora de todas nuestras actividades, físicas, verbales y mentales. Su tarea es la de volverlas útiles y eficaces, de acuerdo con la actualidad, con nuestros ideales y con el más alto grado de nuestra comprensión. El término «comprensión clara» debe ser tomado entendiendo que a la claridad de la atención pura se añade la comprensión de la meta y de la actualidad, interior o exterior, en otros términos: la comprensión clara es el conocimiento justo (*ñaa*) o la sabiduría (*pañña*), basada en la atención justa (*sati*).

Cuatro son las clases de comprensión clara:

1) LA COMPRENSIÓN CLARA DE LA META

Por negligencia, por falta de atención, olvido, pereza, descuido u otros factores, el aspirante no tiene presencia con la frecuencia que sería de desear de su meta o ideal. Y así actúa (piensa, habla o hace) muchas veces apartándose de su ideal e incluso creando condiciones contrarias a la meta que se ha propuesto. En lugar de generar y poner los medios y condiciones hábiles, hace todo lo contrario y se desvía de la Ruta. Esto sobre todo es más común en las personas que viven en sociedad, aunque puede decirse que también muchas que viven en comunidades espirituales pierden de vista los fines propuestos y dan la espalda al ideal.

La comprensión clara de la meta (*satthakasampajañña*) nos invita a saber, antes de actuar (hablar, relacionarnos, etc.), si la actividad que vamos a llevar a cabo se ajusta al *Dharma* y si será útil para aproximarnos a nuestro ideal o meta. Tenemos así siempre presente cuál es nuestro objetivo y determinamos qué puede aproximarnos o desviarnos de él. Esta comprensión es muy provechosa en cuanto que nos enseña a no engañarnos, a no alimentar la negligencia y a buscar las condiciones y actividades más favorables para irnos aproximando al fin.

2) La comprensión clara de la conveniencia

Se conoce como *sappayasampajañña* y dado que con demasiada frecuencia las condiciones o circunstancias no son totalmente favorables y nos perturban o limitan, es necesario desarrollar la comprensión clara de la conveniencia, consistente en la aceptación de lo inevitable y en obtener el máximo provecho interior a pesar de las condiciones desfavorables, adaptándonos a las circunstancias, neutralizando el deseo o la aversión, desplegando la ecuanimidad, evitando el conflicto y buscando, aun dentro de situaciones adversas, los medios más eficaces para seguir recorriendo el Sendero.

3) Comprensión clara del dominio de la meditación

Es *gocara-sampajañña* y consiste en mantener la actitud meditativa tanto como sea posible (los frutos de la meditación) y no dejarlos de lado en la vida diaria, es decir, poder en la vida diaria seguir atento, ecuánime, observante, penetrativo. La gran ventaja del *Satipatthana* (camino de la atención), entre otras muchas, es que puede ser desarrollado en la vida diaria. Hay que ejercitar la meditación en la acción. La vida diaria no debe palidecer los ideales ni los medios para alcanzar esos ideales.

4) LA COMPRENSIÓN CLARA DE LA REALIDAD

Es *asammoha-sampajañña*, consistente en tener presente las tres características básicas de la existencia, superando la ilusión que las mantiene ocultas. Así en la vida diaria el aspirante aprende a ver en todo el surgimiento y desvanecimiento, penetrando los fenómenos como son. Todo surge y todo cesa; todo nace y todo decae; todo está sometido a la insatisfactoriedad, la transitoriedad y la impersonalidad. El surgimiento y el desvanecimiento comienzan a estar presente, a no ser ignorados. Se conquista la verdadera purificación y el entendimiento correcto.

Mediante la práctica de la meditación *vipassana* y llevando ese ejercitamiento también a la vida diaria, van surgiendo transformativos y reveladores destellos de intuición, golpes de visión penetrativa y que conecta con la realidad de los fenómenos. Así va cediendo la ofuscación, la avidez y el odio, y la persona penetra que todo está en continuo flujo dentro y fuera de sí misma. Se produce inevitablemente el desasimiento, no porque lo forzamos o simulamos, sino como resultado de la visión cabal, de esa profunda y clara visión que pone al descubierto lo que es y no lo que querríamos o temeríamos que fuera. Va cambiando toda la psicología de la persona, cuya mente comienza a dejar de moverse en la dimensión del apego y la aversión, y no es por tanto tan perturbada o desequilibrada.

Hay que combinar la meditación sentada (que permite la investigación altamente minuciosa de todos los procesos psicofísicos y desarrolla una visión clara de lo que es) con la actitud meditativa en la vida diaria. Se va penetrando así en la verdadera naturaleza de lo constituido y se va logrando ecuanimidad, desprendimiento, purificación y libertad. Ni que decir tiene que estas conquistas también son muy provechosas para nuestro comportamiento y actitud en la vida diaria, haciéndonos más aplomados, satisfechos, equilibrados y diestros en la acción cotidiana, pues la clara visión es de provecho en todo momento, situación y circunstancia.

Estoy completamente de acuerdo con Achaann Buddhadasa en que en la época de Buda no eran necesarios los sistemas organizados de meditación, porque por un lado estaba su Sermón de la Atención como guía fiable y por otro lado (¿qué mas se podía pedir?) estaba la Enseñanza directa del Maestro, que además, al convivir con sus discípulos, sabía qué ejercicios de meditación eran los más convenientes para el discípulo mismo dada su naturaleza mental y emocional. A falta de ello y como nos dice el venerable Buddhadasa (y dado que la mayoría no pueden hallar el *insight* natural por carecer de las virtudes trascendentes y de la disposición apropiada), «los profesores propusieron ordenados sistemas de práctica, cursos concisos que parten de cero y tienen que ser seguidos de principio a fin minuciosamente».

Cada maestro pone más o menos el énfasis en unos u otros apartados de ese gran texto del cultivo de la atención para llegar al Nirvana, mediante la muy minuciosa investigación de las propias actividades psicofísicas, que es el *Satipatthana Sutta*.

Volviendo al venerable Buddhadasa, nos dice:

La base, el fundamento de *vipassana* es moralidad y concentración. *Vipassana* quiere decir «ver claramente» y se refiere a la visión no oscurecida que puede surgir cuando la mente de una persona está llena de alegría y desprovista de toda impureza.

Y también:

La purificación de la conducta y de la mente es meramente la entrada en el camino de *vipassana*.

Como muchas personas no están capacitadas en principio en absoluto para poder disponer de la visión clara que transforma y libera, y tampoco están en disposición para poder captar los fenómenos con *vipassana* (*insight*, visión intuitiva), es necesario seguir un método sistemático, como proponen algunos maestros (aunque no todos). En posteriores capítulos, expondré algunos de estos métodos. Y veremos que unos maestros insisten más en la investigación de *dukkha*, otros de *anicca* y otros de *anatta*, pues cada mentor ofrece las técnicas que entiende, por su propia experiencia, son las más válidas para el discípulo.

IV

El Satipatthana
SUTTA

Sutra (en pali *Sutta*) quiere decir «doctrina básica» o «texto», a diferencia de *sastra*, que significa «tratado» o «comentario». Se considera que el sutra fue expuesto por el mismo Buda y memorizado por su discípulo predilecto, primo y asistente, Ananda, quien lo recitó después de la muerte del Iluminado. No obstante, siglos después de la muerte de Buda, autores anónimos escribieron numerosos sutras que, se sostiene, conservan, sin embargo, el sentido del Iluminado, y su contenido provenía directamente de él.

La literatura budista es exuberante, a pesar de que cabe suponer que se habrá perdido buena parte de ella. Durante muchos decenios, la Enseñanza se transmitió oralmente por los Recitadores. Después comenzaron a surgir los autores, muchos de ellos anónimos. Las fechas son siempre imprecisas, inciertas. La fuente literaria de la Buena Ley es el *Tripitaka Pai*, sin duda el más antiguo y genuino, con sus secciones: el *Sutta*, el *Abhidamma* y el *Vinaya*.

El valor de la atención es innegable. La atención tiene una capacidad altamente liberadora cuando se entrena, se purifica y se potencia. La atención asociada a la ecuanimidad es un medio hábil excepcional para hallar la libertad interior y despojar la mente de sus corrupciones.

La atención plena y despierta (*satipatthana*) nos permite penetrar, captar, esclarecer, ver y comprender con claridad transformativa y liberadora. Buda siempre insistió en la necesidad de entrenar la atención y comentó que era todopoderosa en cualquier lugar y circunstancia. Por fortuna, existen desde antaño gran número de valiosísimas y fiables técnicas para desarrollar la atención en la tradición india y especialmente en el yoga. Ese yogui excepcional que era Buda utilizó muchas de estas técnicas, las elaboró lúcidamente, supo darles una dirección óptima y confirmó muy claros y definidos *mapara* para la práctica de la atención, dejando instrucciones de incomparable valor. Muchas de estas instrucciones y métodos aparecen en el Sutra de la Atención, el *Satipatthana Sutta*. También denominado Los Fundamentos de la Atención. Este sutra se centra esencialmente sobre el desarrollo, cultivo armónico y potenciación de la atención, a fin de que ésta pueda percibir la última realidad de todos los fenómenos y desencadenar la visión cabal y penetrativa (*vipassana*). Este sutra representa la quintaesencia de la enseñanza budista; tiene un carácter eminentemente práctico y se convierte por sí mismo en guía, maestro, insuperable instructor. No es de extrañar, obviamente, que haya gozado siempre de un prestigio excepcional.

El *Satipatthana Sutta* está presente tanto en el *Majjhima Nikaya* como en el *Diga Nikaya*, dos de las grandes y muy valiosas colecciones de sermones budistas del Canon Pali.

En el Sermón se hace referencia a los Cuatro Fundamentos de la Atención: el cuerpo, las sensaciones, la mente y los contenidos mentales. Y de tal modo considera Buda lo que es necesario que afirma:

> Monjes, el único camino para la purificación de los seres, para la superación de la pena y las lamentaciones, para la destrucción del dolor y de la aflicción, para alcanzar el recto sendero, para la realización del *Nibbana* es éste: los Cuatro Fundamentos de la Atención.

Y especifica:

> He aquí que en esta enseñanza, un monje medita practicando la contemplación del cuerpo en el cuerpo, fervoroso, comprendiendo claramente y atento, superando la codicia y la aflicción inherentes al mundo; medita practicando la contemplación de las sensaciones en las sensaciones, fervoroso, comprendiendo claramente y atento, superando la codicia y la aflicción inherentes al mundo; medita practicando la contemplación de la mente en la mente, fervoroso, comprendiendo claramente y atento, superando la codicia y la aflicción inherentes al mundo; medita practicando la contemplación de los objetos mentales en los objetos mentales, fervoroso, comprendiendo claramente y atento, superando la codicia y la aflicción inherentes al mundo.

La práctica de la meditación *vipassana* de acuerdo con el Sutra de la Atención va permitiéndonos superar el apego y desmantelar el ego, y nos enseña a ver la última realidad de los fenómenos, que según la Enseñanza, es insatisfactoria, insustancial y transitoria. Cuando se obtiene esa visión intuitiva, la mente se libera de todas sus corrupciones y se obtiene en último lugar el Nirvana.

Para la ejecución de la meditación sentada se nos instruye:

> He aquí que un monje va al bosque, al pie de un árbol o a un lugar solitario, se sienta con las piernas cruzadas, mantiene su cuerpo erguido y su atención alerta.

Pero las instrucciones sobre la atención no son sólo para aplicarlas en meditación sentada, sino también para incorporarlas a la vida diaria y en cualquier momento puede tomarse conciencia de las distintas posiciones del cuerpo y aplicar la denominada «clara comprensión» a toda actividad (convirtiendo la actividad misma en meditación). Se nos dice:

> Un monje aplica la clara comprensión al avanzar y retroceder; al mirar hacia delante y al mirar alrededor, aplica la clara comprensión; al extender y encoger los miembros, aplica la clara comprensión; al vestir la ropa y al llevar el bol de limosnas aplica la clara comprensión; al comer, al beber, al masticar y saborear aplica la clara comprensión; al obedecer las necesidades naturales aplica la clara comprensión; al andar, permanecer de pie, sentarse, dormirse, al despertar, al hablar y al hallar aplica la clara comprensión.

Los soportes u objetos para la meditación *vipassana* son muy numerosos, pero siempre relacionados, por supuesto, con las actividades psicofísicas, con los denominados agregados del apego, con los cuatro fundamentos o ámbitos para la exploración que son el cuerpo, las sensaciones, la mente y los objetos de la mente.

En el *Satipatthana Sutta* (que se traduce no sólo como el Sermón de los Fundamentos de la Atención, sino también como Sermón del Establecimiento, o Elevación, de la Atención), hay numerosas secciones. La atención y minuciosa exploración puede dirigirse sobre uno u otro ámbito o sobre varios. Cada mentor enfatiza la contemplación de unos u otros agregados y pone el acento en unas u otras prácticas, pero todas tienen como objeto o soporte actividades de la propia organización psicosomática y como finalidad el desarrollo de la visión tan especial y reveladora que es *vipassana*. Eso no quiere decir que no haya también que aplicar en la vida diaria la observación a los fenómenos externos para enfrentarlos también a la luz de la Enseñanza. La contemplación de las actividades psicofísicas debe ser siempre guiada por la atención y la ecuanimidad, y hay que evitar reaccionar. En el Sermón hay ya diferentes métodos y los mentores, de acuerdo con su experiencia personal, instruyen a los discípulos en unos y otros ejercicios y los orientan para un entrenamiento eficaz, si bien, hay que hacerlo resaltar, seguramente Buda invitaba en última instancia a ir concienciando todos los agregados del ser humano, pero hay que considerar que sus discípulos entregaban toda la vida a la liberación de la mente. También dependiendo de los maestros, unos insisten más en practicar también la meditación *samatha* y otros no, y muchos lo que hacen es combinar meditación *samatha* y meditación *vipassana*. Hay mentores que utilizan la primera como preliminar, para luego ya trabajar a fondo en la segunda. Se organizan cursos intensivos (que van de unos días a tres meses) de meditación, donde hay que observar un estricto silencio, abstenerse de la vida sexual y seguir la dieta vegetariana. Las horas de meditación van de ocho hasta catorce e incluso el tiempo que no se está en meditación sentada, hay que seguir practicando el cultivo de la atención.

Los cuatro fundamentos o ámbitos, son, como ya he reseñado varias veces: cuerpo, sensaciones, mente y objetos mentales, pero hay maestros que también trabajan con las percepciones que son dadas a través de los seis órganos sensoriales (el sexto es la mente).

La sección relativa a la contemplación del cuerpo incluye:

– La atención a la respiración.
– La atención a las posiciones corporales.
– La atención a los componentes del cuerpo.
– La atención a los cuatro elementos del cuerpo.
– La atención al cuerpo muerto.

Es de enorme importancia, tanto en su vertiente *samatha* como *vipassana*, la atención a la respiración. En el texto se nos dice:

> Cuando efectúa una inspiración larga sabe que está haciendo una inspiración larga; al hacer una espiración larga, sabe que está haciendo una espiración larga; al realizar una inhalación corta, sabe que está haciendo una inhalación corta; al realizar una exhalación corta, sabe que está haciendo una exhalación corta.

Según los métodos y sus instructores, hay ejercicios diversos de atención a la respiración: unos invitan a contar inhalaciones y exhalaciones y otros sólo las exhalaciones; otros a observar cómo la respiración viene y parte; otros a sentir la sensación táctil de la respiración en la nariz y otros a percatarse de todas las características propias de la respiración. La atención a la respiración tiene un gran poder para concentrar y calmar la mente, y muchos maestros la utilizan como preliminar para luego pasar a la meditación *vipassana*, es decir, la observación de los procesos.

El segundo ámbito es el de la contemplación de las sensaciones. El texto nos dice:

> ¿Cómo, oh monjes, el monje practica la contemplación de las sensaciones? Un monje que tiene una sensación agradable es consciente de que experimenta una sensación agradable; o si es una sensación desagradable, sabe que es una sensación desagradable; o si es una sensación neutra, es consciente de que se trata de una sensación neutra; o si experimenta una sensación mundana agradable es consciente de que siente una sensación mundana agradable; o si experimenta una sensación espiritual agradable, sabe que experimenta una sensación espiritual agradable; o si experimenta una sensación espiritual desagradable, sabe que siente una sensación espiritual desagradable; o si experimenta una sensación mundana neutra sabe que experimenta una sensación mundana neutra; o si experimenta una sensación espiritual neutra, sabe que experimenta una sensación espiritual neutra. Así practica la contemplación del origen o la desaparición, o ambas, el origen y la desaparición de las sensaciones. Se dice: «He aquí las sensaciones», y se acentúan así y desarrollan su sabiduría y atención y vive libremente sin apegarse a nada en el mundo.

La tercera sección es la contemplación de la mente, *cittanupassana*, y consiste en la observación objetiva y ecuánime de la mente, sin reaccionar, concienciando sus estados. El sutra nos indica:

> He aquí, oh monjes, que el monje conoce la mente concupiscente y la no concupiscente; cuando hay odio en la mente, lo sabe, y

cuando no hay odio en la mente, lo sabe; cuando hay en la mente error, lo sabe, y cuando no hay en la mente error, lo sabe; o cuando la mente es indolente o está distraída, lo sabe; o cuando en la mente hay grandeza, lo sabe; o cuando en la mente hay bajeza, lo sabe; cuando en la mente se manifiestan estados superiores, él sabe que hay estados superiores; o cuando la mente está concentrada, sabe que la mente está concentrada; o cuando la mente está liberada, sabe que la mente está liberada; o cuando la mente no está liberada, sabe que la mente no está liberada. Así está practicando la contemplación de la mente interior y exteriormente, o ambas, interior y exteriormente, observando la aparición de la mente, observando la desaparición de la mente. Se dice: «He aquí la mente» y se acentúan así y se desarrollan su sabiduría y atención y vive libre sin apegarse a nada en este mundo.

La cuarta sección es la contemplación de los contenidos mentales o *dhammanupassana*, que incluye:

l) Saber si en la mente está presente o no alguno de los cinco impedimentos u obstáculos, cómo surge, cómo se supera o vence y cómo en el futuro ya no se presenta más. Tales obstáculos son: el deseo o codicia sensual, el odio o mala voluntad, la pereza o torpeza, la agitación o ansiedad y la incertidumbre o duda. Hay que percibir la aparición y desaparición de tales contaminaciones, cómo son desarraigadas y cómo dejan de presentarse en el futuro una vez lo han sido por completo. Esta técnica va corrigiendo el carácter y el temperamento, transmutándolos positivamente. El practicante toma conciencia de sus cualidades negativas y se va liberando de ellas.

2) Contemplación de los cinco *skandas*: cómo surgen y desaparecen los agregados del apego. El texto señala:

He aquí, oh monjes, que el moje dice: «Así es la materia, así aparece la materia y así se desvanece la materia; así es la sensación, así aparece la sensación y así se desvanece la sensación; así es la percepción, así aparece la percepción y así se desvanece la percepción; así son las formas mentales, así aparecen las formas mentales y así se desvanecen las formas mentales; así es la conciencia, así aparece la conciencia y así se desvanece la conciencia». Ciertamente, oh monjes, así es como el monje practica la contemplación de los fenómenos de los cinco agregados del apego.

3) Contemplación de las doce bases de toda actividad sensorial: el ojo y el objeto visual, el oído y el objeto de audición, el tacto y el objeto táctil, el olfato y el objeto olfativo, el gusto y el objeto gustativo, la mente y las ideas. Se toma conciencia de los apegos y ataduras que surgen de ellos, cómo se vencen y cómo en el futuro se las arregla para que no surja de nuevo.

4) Contemplación y saber si uno de los siete factores de Iluminación están o no presentes, tomar conciencia de cómo surgen y cómo llegan al pleno desarrollo. Los factores de iluminación son: atención, investigación del *Dharma*, energía, contento, serenidad, concentración y ecuanimidad. Si mediante la contemplación de los obstáculos, el practicante trata de vencerlos, mediante la contemplación de los siete factores de Iluminación, trata de desarrollarlos en alto grado en sí mismo.

5) Contemplación profunda y comprensión de lo que representan las Cuatro Nobles Verdades.

Entiéndase que la *vipassana* puede llevarse a cabo tanto en la práctica propiamente dicha de la meditación sentada como en la vida cotidiana.

Como han surgido un gran número de mentores de meditación *vipassana*, hay diversos métodos o ejercitamientos, pues unos maestros insisten en la observación de unos agregados y otros, de otros; unos invitan al discípulo a que insistan en una sección y otros en otras, o en varias.

Con la práctica asidua la mente se va liberando de todas sus corrupciones y se agota el impulso de los *samskaras* o condicionamientos, se cambian las actitudes y enfoques mentales, se desarrolla mucha ecuanimidad para la vida diaria, se alcanzan los estratos más profundos del inconsciente para sanearlos, se purifican las intenciones, se esclarece la percepción y la cognición y se va ganando en sabiduría mediante los progresivos *insights* (golpes de intuición, de visión clara). Se debilita el apego, se supera el odio, se pone término a la ofuscación, se va encontrando la libertad interior.

Uno de los más evolucionados monjes budistas, Ananda Maitreya, me dijo en su monasterio en Colombo:

Lo importante es que comprendas lo que eres. Primero puedes investigar tu cuerpo sirviéndote de la mente. Luego investigar la mente. Por lo menos unos minutos tienes que ver ese río de pensamientos que es la mente. Después de un tiempo comprenderás lo que es el cuerpo. Entenderás que no hay nada estático en el cuerpo, nada permanente, nada sustancial. Hasta conseguir ese entendimiento, puedes examinar tu cuerpo parte por parte, hasta que mentalmente ves dentro de los átomos para descubrir si hay algo que no sea cambiante, que no esté sujeto al cambio. Procediendo así con este examen minucioso de tu cuerpo, finalmente sientes que no hay nada permanente y por tanto nada satisfactorio, y a la vez comprenderás que no hay nada sustancial dentro de todos esos por esos cambiantes e insatisfactorios, que no hay nada que no cambie.

Por su parte, Kasspa Thera, tambien en Sri Lanka, me dijo:

La mente y el cuerpo cambian; los elementos físicos cambian instantáneamente. Puedes ver entonces cuándo surge la mente y se desvanece, cuándo y cómo surge la materia y se desvanece. Puedes verlo de manera directa a través de la sabiduría del *vipassana*. Esta clase de sabiduría, de conocimiento especial, no puede ser obtenida sólo por medio de la lectura, sino que es imprescindible practicar. Es necesario ir más allá del conocimiento intelectual, para mirar en ti mismo, para ver cómo la mente surge y cae, la materia surge y cae.

Mantuve muchos encuentros con el venerable Nyanaponika Thera, quien me explicó:

Es el *Satipatthana*, la práctica de la atención mental, el que nos proporciona la experiencia directa de la naturaleza, de la verdadera realidad. Al observar los procesos físicos y mentales dentro y fuera de nosotros, vemos que todo es impermanente, que son procesos dinámicos que surgen y se desvanecen según las condiciones. La interdependencia de todos los fenómenos se pone en evidencia dentro de nuestros propios cuerpos y mentes a través de la práctica del *Satipatthana* y a tal interdependencia o relatividad de la existencia es a lo que las escuelas denominan *sunnyata* (vacuidad).

Y también:

Hay muchas formas o niveles en los que la atención puede trabajar de una manera totalmente práctica. Desde luego, el *Satipatthana* es un camino espiritual y nos abre la vía hacia la más alta liberación de la mente. Debe extenderse su práctica a la vida diaria y no limitarse únicamente a la práctica de la meditación *vipassana*. Para aquellos que siguen el camino del *Satipatthana* es necesario no sólo utilizar la atención durante la meditación, sino aplicarla a la vida diaria tanto como puedan y tenerla bien presente en todo aquello que estén haciendo y en la relación con los otros seres y en cualquier actividad en general. Será la forma de comprobar que de la atención surgen una enorme cantidad de beneficios.

El establecimiento de la atención mental, pues, que es *Satipatthana*, debe llevarse a cabo también en la vida diaria y no sólo durante la práctica de la meditación como sistema.

Narada Thera me dijo, cuando le entrevisté por última vez en el monasterio del que era abad, el de Vajirarama:

> La verdadera sabiduría es el conocimiento de las Cuatro Nobles Verdades. No es un conocimiento intelectual, sino directo: realizar y penetrar las Cuatro Nobles Verdades y percibir que todo es impermanente, impersonal y doloroso.

Pero cuando eso se percibe hiperconscientemente, cesa toda desdicha y surge una extraordinaria paz interior y un gran contento interno.

Entendamos bien que la meditación *vipassana* se puede servir de varios objetos de los expuestos en el sutra o incluso de todos. Pero siempre el secreto está en observar sin reaccionar, con máxima penetratividad, minuciosidad y ecuanimidad, sea el cuerpo, las sensaciones, la mente o los estados mentales, sea por separado cada uno de estos elementos o en conjunto. Y que de acuerdo con el *Satipatthana Sutta* hay que llevar esta observación también a la vida diaria, estando más vigilantes de nuestros agregados del apego. Será esta observación tan minuciosa y penetrativa, libre de juicios y prejuicios, la que irá poniendo al descubierto vivencial y supraconscientemente las tres características de la existencia, y de tal modo mutará la mente que ésta comenzará a brindar contento, lucidez, genuina moralidad, pureza, compasión y en suma Sabiduría, liberando a la persona de todo miedo, desdicha, ignorancia, apego y ofuscación.

Lo que va transformando, pues, es la observación de cualquier objeto que nos vaya despertando la intuición de la insatisfactoriedad, la transitoriedad y la impersonalidad de todos los fenómenos, pudiendo para ello observar minuciosa y penetrativamente objetos internos o externos, pero se eligen las propias actividades psicofísicas porque es mucho más fácil, con mucha atención y ecuanimidad, ir constatando este modo final de ser de todo lo constituido. Hay maestros que consideran más apropiados (siempre de acuerdo con su propia experiencia y verificación) unos objetos u otros y una manera u otra de trabajar con ellos, pero las técnicas tratan siempre de conducir a ese estado especial de visión penetrativa y clara que es la que transforma, revela y libera. Al ir avanzando en la práctica y evolucionando, vamos teniendo una percepción supraconsciente de las tres características básicas de la vida y vamos resolviendo los condicionamientos (*samskaras*), liberando la mente de corrupciones y aproximándonos a la experiencia nirvánica.

V

La técnica de Mahasi
SAYADAW

Nacido en Birmania en 1904, Mahasi Sayadaw se ordenó monje a los veinte años, tras ocho de noviciado, recibió enseñanzas de meditación de un gran mentor llamado U Narada y, tras él mismo meditar durante muchos años, se dedicó a la enseñanza hasta su muerte en 1982.

Los cursos de acuerdo con la tradición de Mahasi son muy estrictos y exigen absoluto silencio y concentración, para poder obtener la mayor madurez posible durante ellos. Quien pueda servirse de la postura del loto practica ésta, y quien no, cualquier otra posición de meditación, consiguiendo que el tronco esté erguido y la postura resulte tan inmóvil como sea posible.

Como ejercicio primario de concentración y tranquilización propone Mahasi la observación muy atenta y sin reacciones de la elevación y descenso del vientre, que viene producida por la respiración. No hay que estar atento a la respiración, sino al movimiento del vientre. Cada vez que surja una distracción, se corrige y se lleva la atención de nuevo al abdomen y estómago. Se respira con toda naturalidad y no deja de tomarse conciencia del movimiento del vientre, en tanto los párpados permanecen semientornados.

La atención al vientre es piedra angular de la práctica, pero también insume la contemplación atenta y ecuánime de los procesos psicomentales, pues aunque uno logre estar muy atento al movimiento abdominal, irrumpen en la mente pensamientos, intenciones, ensoñaciones e ideas de todo orden. Es el mentor el que va instruyendo al practicante sobre cómo debe registrar con atención pura (libre de verbalizaciones y conceptualizaciones) cada uno de los procesos psicomentales. Se toma conciencia del que irrumpe, pero luego siempre se vuelve al objeto principal de atención: el vientre, captando sus movimientos de subida y bajada. Al percibir los procesos psicomentales que se filtren, no hay que aprobarlos ni desaprobarlos, ni mucho menos analizarlos, ni estar a favor ni en contra de ellos.

Pondré algunos ejemplos:

- Si se imagina, el practicante toma conciencia de «imaginando».
- Si se piensa, «pensando».
- Si se comprende, «comprendiendo».
- Si se divaga, «divagando».
- Si se ven luces, imágenes, colores o formas, «viendo».

Así sucesivamente, para siempre retornar la atención al objeto primario, es decir, los movimientos del vientre.

- Si surge cualquier intención (sea de moverse, tragar saliva, levantar una pierna o cualquier otra), se registra «intentando».

— Si surge picor, «picando».

— Si aparecen sensaciones burdas, molestas o desagradables —tales como dolor, entumecimiento u otras—, se toma conciencia de ellas y de si al hacerlo ceden o se intensifican.

Siempre se vuelve, por supuesto, tras anotar mentalmente, al objeto primario, y si la sensación se ha hecho más penosa, se ignora. Es normal que durante la sesión de meditación surjan sensaciones ingratas que se hacen más intensas al tomar conciencia de ellas.

Si el cuerpo se balancea, tiembla o tirita, el meditador se hace consciente del fenómeno y vuelve la atención al movimiento abdominal. Al tomar conciencia del fenómeno de balanceo, temblar o tiritar, suele desvanecerse.

Si uno va a moverse, se registra «intención» y se toma consciencia del movimiento, registrándose «moviéndose», para luego regresar al abdomen. Así se procede cada vez que se vaya a cambiar de postura o uno vaya a levantarse para cualquier necesidad. Siempre que va uno a realizar un movimiento, se anota «intentando» y luego se toma conciencia del movimiento, así como de cuándo uno se vuelve a detener.

Se aplica pues la atención tanto a las sensaciones como a los procesos psicomentales. Se anotarán también las sensaciones de cansancio, sueño, sopor y las reflexiones, ideas, reacciones, intenciones, ensoñaciones y el largo etcétera que pueda irrumpir, pero luego siempre se vuelve a la captación del movimiento del vientre.

Al irse a dormir, toma el practicante conciencia de cómo se extiende en la cama y de sus últimos pensamientos antes de dormirse; nada más despertar, se hará consciente de que lo hace y de los primeros pensamientos que abordan la mente.

Asimismo tomará conciencia de todos los movimientos, y sus intenciones, de levantarse, lavarse, necesidades fisiológicas y otros. Es la puesta en práctica muy rigurosa del *Satipatthana*. Se combina la meditación sentada con el establecimiento de la atención de todo aquello que se hace cuando uno ha dejado la posición de meditación.

En la medida en que se avanza en la práctica, se percata uno de que después de la caída del vientre y antes de su elevación, hay una minúscula pausa, que se aprovecha para tomar conciencia de que se está sentado, sintiendo la posición erguida. Entonces se toma conciencia de la elevación del vientre, la bajada de éste y la pausa, y en ella la posición corporal. Se practica así durante un periodo de tiempo y luego se vuelve a tomar sólo conciencia de la subida y bajada del vientre.

– Si aparece pereza, se registra «pereza».
– Si se duda, «dudando».
– Si se desea, «deseando».

Así sucesivamente para en seguida retornar a la experimentación del vientre.

Los cursos de la tradición de Mahasi pueden durar hasta tres meses y la práctica se llega a extender a lo largo de catorce o dieciséis horas. Se incluye la denominada marcha consciente, consistente en percatarse de cada movimiento del pie y sentir el cuerpo y captar las sensaciones de irse a poner en marcha, detenerse o girar. Al ir a pasar de estar sentado a la meditación deambulante, se toma conciencia de la intención de ir a hacerlo y de cómo uno se levanta y se pone de pie para comenzar a caminar; lo mismo se procede, a la inversa, cuando uno suspende la meditación deambulante y vuelve a la meditación sentada.

VI

La técnica de Sumlum
SAYADAW

Sumlum Sayadaw nació en Birmania en 1878 y con el tiempo habría de convertirse en un gran maestro de meditación, preparando a su vez a otros notables maestros, hasta que murió en 1952.

Sumlum pone el máximo acento en el sufrimiento, igual que otros maestros lo hacen en la impersonalidad o en la transitoriedad. Pide esfuerzo y coraje para enfrentar con ecuanimidad los dolores, sin resistencias mentales ni generando con los pensamientos rechazos o conflictos. Es encarar directa y ecuánimemente las sensaciones ingratas.

Para su método, la tradición de Sumlum utiliza una respiración muy vigorosa, que requiere atención, esfuerzo y energía y que tiende a evitar las ideaciones y divagaciones mentales, las ensoñaciones o recuerdos.

Hay que tratar de lograr una muy elevada concentración mental, para luego poder aplicar la visión clara y penetrativa a todos los procesos psicofísicos. Sólo, de acuerdo con esta tradición, cuando la mente está concentrada y libre de ideaciones, puede aplicarse con eficacia a la visión cabal (*vipassana*). Para lograr la estabilidad y unidireccionalidad de la mente, Sumlum recomendaba la concentración en *kasinas* o en cualquier proceso de la propia organización psicosomática.

Valoraba mucho la meditación *samatha*, y la recomendaba a los que tenían inclinación hacia ella, pero insistía en que una cosa es la meditación *samatha* y otra la *vipassana*. Juzgaba muy útil la atención a la respiración y de entre los diferentes métodos que hay, consideraba que el verdaderamente apropiado para la *vipassana* es el que consiste en captar la sensación táctil del aire sin ninguna ideación. Para Sulum la captación de las sensaciones lo antes posible, sin interferencias de ideación alguna, era muy importante. Decía:

La conciencia de los fenómenos tiende a retrasarse respecto del acontecer de éstos. Así pues, en vez de poder ver estos procesos tal y como son y ocurren, existe una fuerte tendencia a caer una y otra vez en una contemplación del pasado, siendo entonces los procesos reconstruidos por la mente de forma racional. Para lograr mantener el ritmo de los procesos naturales, el yogui solamente necesita estar atento. Tal estado no es fácil de lograr. El requisito esencial es la conciencia de la sensación; estar consciente y atento al tacto, a la sensación y a los fenómenos mentales. Observar, guardar y vigilar esta conciencia de la sensación mediante la atención pura. Cuando la conciencia de la sensación es vigilada con atención pura, los pensamientos son evitados y no pueden entrometerse. No se brinda ninguna oportunidad para la formación de los conceptos, imágenes ni ideas. Mediante esta técnica se contemplan los procesos directamente, en el mismo momento en que ocurren, tal y como son y sin la distracción del pensamiento. Éste es el verdadero *vipassana*.

Para percibir intuitivamente lo real, le concede el maestro una gran importancia a la conciencia del tacto y de la sensación, sin asociar dicha percepción a ninguna idea o concepto, para que sea pura y directa, sin interferencia, limpia y desnuda, libre de cualquier juicio, prejuicio u opinión.

Es esencial no dejarse implicar en las sensaciones penosas. Enfrentarlas con visión clara, sin identificarse con ellas, impersonalizándolas (evitando apropiarse de ellas o darles el carácter de «mías» o de «yo»). Porque la sensación dolorosa tiende a convertirse en un gran obstáculo, hay que trabajar mucho con ella para superarla y poder desidentificarse de ella y tomarla como impersonal, y por eso en esta tradición, la sensación ingrata o dolorosa es muy importante como entrenamiento meditativo y hay que lidiar ecuánimemente con ella, sin dejarse involucrar. A medida que la sensación dolorosa o ingrata se va penetrando con ecuanimidad, sin reaccionar, sin interferencias, se aprecia el fenómeno tal cual es, sin apropiárselo ni sentirlo como «mío».

Para Sumlum la postura tiene que ser absoluta y espartanamente inmóvil, lo que provoca más sensaciones ingratas con las que enfrentarse. Exhortaba a mantenerlas durante horas, haciendo un sobreesfuerzo.

La sesión da comienzo con respiraciones muy vigorosas, rápidas y fuertes, y aunque uno se fatigue, no hay que parar. Cuantas más horas se pueda practicar, mejor, aunque sea día y noche. Hay varias sesiones al día, durante tres horas, en las que se pone mucho acento en sentir la sensación y concienciar el contacto, con inquebrantable ecuanimidad, evitándo las ideaciones. La respiración fuerte produce una notoria sensación táctil que el meditador debe captar tan atenta y penetrativamente como pueda.

Las vigorosas respiraciones le permiten al practicante permanecer muy atento a la sensación táctil provocada por ellas. Hay que estar atento a cada sensación táctil y tener la más plena conciencia posible de ella. La conciencia debe estar en principio totalmente dirigida a la sensación táctil producida por la respiración. Si uno se cansa, no se descansa. Se continúa con ánimo férreo y esforzado. El maestro nos dice: «La fatiga a menudo es debida a la insuficiente fuerza de la inhalación o a la excesiva fuerza del soplo de la exhalación. Cuando la intensidad de inhalación y exhalación esté equilibrada, desaparecerá la fatiga».

Cuando comienzan a surgir sensaciones corporales, que se acentúan con la inmovilidad total, el practicante las percibe tal cual surgen, sin ninguna reacción o interpretación. Se empieza por estar atento a las sensaciones más intensas, sin reaccionar y sin sentirlas como «mías», viéndolas impersonalmente, tal cual son, evitando ideaciones, conceptos ni interpretaciones o presuposiciones ni siquiera de carácter budista. Hay que estar en la conciencia desnuda y plena del tacto, arreactivamente, con máxima ecuanimidad, a pesar de que surjan sensaciones muy dolorosas. Se contemplará el surgimiento y desvanecimiento de las sensaciones. Sumlum instruía:

No debéis anticiparos a la sensación ni reflexionar sobre ella. Estad atentos a la sensación en la inmediatez de su surgir y desvanecerse, en el presente, en el ahora mismo.

Se requiere mucha paciencia, firmeza, motivación, evitando ceder, lidiando ecuánimemente con la sensación por dolorosa que resulte.

Especifica Sumlum:

> Cuando en su mente haya penetrado la sensación, el meditador ya no sentirá más la forma de su pie, de su brazo o de su cuerpo; ya no sentirá más el «yo» que sufre. Estas nociones conceptuales serán reemplazadas por una conciencia simple y clara de sensación desnuda. Y, además, al eliminarse la idea del «yo» que sufre, el meditador no sentirá ninguna incomodidad ante una sensación desagradable. La sensación que hasta entonces era sentida como dolorosa será sentida ahora por el meditador como una sensación intensa e impersonal.
>
> La verdadera superación de la sensación dolorosa tiene lugar cuando el meditador penetra dentro de la sensación y la observa sin pensar en nada relacionado con ella. Entonces ésta se consume, se acaba, se quiebra, se agota o extingue. Es como seguir un camino hasta el final o como recorrer una cuerda hasta que se llega a su extremo y ésta se desvanece. Es como una cuerda que se rompe cuando es tensada al máximo, o como la piel de la serpiente que se muda, o como la llama que se extingue al consumirse la mecha o el aceite.

Sumlum les indicaba a sus discípulos que se podía asociar la captación de una sensación ingrata con la retención de la respiración tanto como fuese posible y con el cuerpo inmóvil, para obtener una consciencia todavía más intensa de ella.

En la medida en que el practicante comienza a estar muy atento a la sensación, también empieza a estar atento a la mente, a sus contenidos y objetos. La atención muy vívida a la sensación conlleva la atención a otros concomitantes.

Sumlum indicaba que la meditación sentada debe ser complementada con permanecer muy atentos a lo largo de toda la jornada a las sensaciones y también a las percepciones, es decir, a la sensación que deriva de la conjunción del órgano sensorial con el objeto de los sentidos.

VII

La técnica de
U BA KHIM

U Ba Khim nació en la capital de Birmania, Rangún, en 1899 y tras muchos años de práctica después de haber sido iniciado en la técnica por un agricultor que había recibido enseñanzas del venerable Ledi Sayadaw, comenzó él mismo a impartir cursos de meditación *vipassana*; estos cursos tenían una duración de diez días. Su método pone mucho énfasis en la característica de la transitoriedad (*anicca*) y para ello el practicante va recorriendo y explorando todo su cuerpo para captar sensaciones, sin reaccionar, pudiendo así, de acuerdo con esta tradición, agotar la energía de los condicionamientos (*samskaras*). Se trabaja en especial con las sensaciones del cuerpo, llevando el foco de atención por todas sus zonas, de arriba abajo y de abajo arriba, lo que permite no sólo captar sensaciones burdas, sino con la práctica suficiente las más sutiles e incluso la percepción supraconsciente del flujo de partículas atómicas o *kalapas*, que ya Buda descubrió y experimentó por sí mismo. Con el ejercitamiento necesario, el practicante percibe los procesos físicos, surgiendo y desvaneciéndose, como vibraciones que a cada momento están viniendo y desapareciendo. Hay que captar, sin analizar, sin reaccionar, con máximo desapego y ecuanimidad, las sensaciones, sean éstas gratas, ingratas o neutras, burdas o sutiles. En la medida en que no se reacciona, se drena el inconsciente y los *samskaras* se van resolviendo, modificándose asimismo los viejos modelos mentales que engendran desdicha, y consiguiendo que la percepción, totalmente liberada de interferencias o prejuicios, se torne sabiduría liberadora. Sólo mediante una práctica intensa y asidua el practicante llega a percibir los flujos de energía, las vibraciones, las sensaciones más sutiles, pues al principio únicamente se perciben las burdas. Hay que ejercitarse para vivir cada proceso físico como impermanente y penetrar que toda sensación es *anicca* (impermanente). Es para ir captando sensaciones para lo que el meditador va desplazando el foco de la atención por todas las zonas de su cuerpo, sin prisas, sin urgencia, con minuciosidad, para sentir o, si no siente, concienciarse de que no siente. En la medida en que se experimentan sensaciones sin reaccionar, se evita la generación de nuevos *samskaras* (*sankhara* en pali) y se agota la energía y el impulso de los ya subyacentes, mutándose así también las tendencias más íntimas y básicas de la mente. Hay que captar la sensación corporal evitando cualquier análisis, reflexión, apego o aversión, en suma reacción. Las sensaciones surgen y se desvanecen, vienen y parten. Uno las impersonaliza, no se viven como propias. De esa manera también las corrupciones de la mente se van superando, se da un proceso de limpieza y purificación. Al no haber reacciones, no se acumulan nuevos *samskaras*, ulteriores condicionamientos esclavizantes. De la percepción ordinaria se va pasando a la percepción supraconsciente, *vipassana*, que libera del ego, del apego, de la desdicha y que permite captar las partículas de energía como un «fluir vibrante de energía».

Expondré cómo se desarrolla la práctica a lo largo de un curso de diez días.

El primero y segundo día se invierten en la meditación de atención a la respiración, tomándose para ello exactamente el ejercicio que consiste en fijar la mente en las aletas de la nariz y concentrarse en la sensación que desencadena el aire en alguna zona de la nariz o en la parte alta del labio superior. La mente debe estar bien atenta a esa sensación, evitando pensar o analizar y corrigiendo las distracciones cuando se produzcan.

El tercer día se intensifica la concentración sobre un espacio más reducido de la nariz, para aumentar al máximo la concentración. Así se pronuncia la atención, teniendo el practicante que evitar las ideaciones o dispersiones de la mente y si descubre que ésta se ha marchado, tomarla y llevarla en seguida a la sensación táctil del aire.

El cuarto día se dedica un tiempo a la meditación de atención a la respiración, pero se pasa después a la captación de sensaciones en todo el cuerpo, desplazando el foco de la atención lenta y minuciosamente por todas las partes del cuerpo, desde la cima de la cabeza hasta el dedo grueso del pie y del dedo grueso del pie a la cima de la cabeza, evitando pensar o reaccionar. Si una zona no se siente, se detiene ahí un momento el foco de la atención y luego se prosigue con el recorrido. En cualquier caso, a poco atento que esté el practicante, lo que sí sentirá son las sensaciones notablemente

burdas, como presiones, contactos, hormigueo, entumecimiento, dolor, contracciones, picores, etcétera. Con el ejercitamiento asiduo e intenso irá también percatándose de sensaciones más sutiles. Hay que estar muy atento y no reaccionar,
poniendo especial énfasis en captar la transitoriedad de las
sensaciones. El trabajo se lleva a cabo cada día desde el ama-
necer hasta las ocho o nueve de la noche, con algunos periodos de descanso a lo largo de la jornada, aunque no se puede
hablar (excepto con el instructor) y ha de tratar de estar atento a lo largo del día. Sobre la misma técnica de recorrido del
cuerpo para exploración y captación de sensaciones, pueden
darse distintas variaciones en las jornadas últimas, como el
recorrido simultáneo de dos zonas del cuerpo, recorridos más
rápidos y más lentos o incluso el recorrido de la espina dor-
sal. Hay que evitar pensar, nominar, discurrir o fantasear, y
estar bien atento, con ecuanimidad, sin estar a favor ni en
contra, a las sensaciones, tratando de profundizar en la captación de las sensaciones surgiendo y desvaneciéndose, es decir,
en su impermanencia.

El día noveno se practica la meditación *metta* o de irra-
diación amorosa en todas las direcciones y hacia todos los
seres, y el último día se levanta el voto de silencio y los practicantes se disponen a abandonar el curso intensivo.

De acuerdo con la tradición de U Ba Khim, ir rastrean-
do el cuerpo para captar sensaciones, gratas e ingratas (o neutras), burdas o sutiles, sin reaccionar, va eliminando los *sams-*
karas, que emergen y agotan su impulso si se aplica la ecuanimidad inquebrantable. Según él, la experiencia de la
impermanencia «ataca la raíz misma de los males físicos y
mentales que nos afligen, y elimina gradualmente todo lo
malo que hay en notros, es decir, todo lo que es causa de
males o dolencias a nivel físico y mental».

La tradición de U Ba Khim insiste mucho, pues, en la observación de las sensaciones táctiles en el cuerpo, para captar cómo la materia o corporeidad cambia y penetrar intuitivamente el *anicca* o cualidad de la transitoriedad. Así los *samskaras* se van erradicando. U Ba Khim explica:

Es sólo mediante una comprensión vívida de la naturaleza de *anicca* (impermanencia) como proceso del incesante cambio en nosotros mismos como podemos llegar a comprender *anicca* como Buda quería que lo comprendiésemos. Y esta comprensión de *anicca* por la propia experiencia puede ser realizada –hoy como en los tiempos de Buda– por personas que no tienen ningún conocimiento teórico del budismo.

Hay que entender bien que todos y cada uno de nuestros actos –sean de pensamiento, palabra u obra– dejan un rastro que es fuerza operante llamada *samkhara* (o *kamma* en terminología más corriente), que redunda en beneficio o desventaja ulterior del individuo, según el acto original fuese bueno o malo. Por consiguiente, cada uno de nosotros lleva consigo una acumulación de *samkharas* que constituye la fuerza motriz de la vida o existencia; vida que, inevitablemente, va acompañada de sufrimiento y seguida de muerte. El buen entendimiento de la impermanencia, sufrimiento y ausencia de yo –es decir, su comprensión vivencial– es una fuerza que elimina los *samkharas* que uno ha ido acumulando. Se trata de un proceso gradual que empieza con la buena comprensión de *anicca*, comprensión que, al desarrollarse, lleva a la descarga o eliminación de las acumulaciones de *samkharas*. Claro que al mismo tiempo continuamos acumulando nuevos *samkharas* con los actos que seguimos cometiendo, de modo que ambos procesos se desarrollan simultáneamente, aunque con signo opuesto, a cada momento de cada día. Es un constante quita y pon que puede costarle a uno toda la vida, o aún más, para descargarse de todo *samkhara* acumulado. Pero el que lo consigue pone fin al sufrimiento, puesto que, al agotarse el *samkhara*, cesa todo impulso capaz de sostener cualquier forma de vida.

Para progresar en la meditación *vipassana*, el estudiante debe mantener la mayor continuidad posible en la percepción consciente de *anicca*. Buda aconsejaba a los monjes que tratasen de conservar la conciencia de la impermanencia, el sufrimiento y la impersonalidad en todo momento y en cualquier posición, tanto si estaban sentados como de pie, caminando o acostados. La conciencia continua de *anicca*, y con ella del sufrimiento y la impersonalidad, es el secreto del éxito.

El verdadero significado de *anicca* es que la impermanencia o caducidad es inherente a la naturaleza misma de todo lo que existe en el universo, tanto seres vivientes como cosas inertes. Buda enseña a sus discípulos que todo lo que existe en el mundo material se compone de *kalapas*.

Al progresar lo suficiente en la meditación *vipassana*, el estudiante llega a percibir ese perpetuo surgir y desvanecerse de los *kalapas* como un fluir vibrante de energía.

El cuerpo humano no es, como nos lo parece habitualmente, una entidad sólida y estable, sino un continuo devenir de sucesos materiales (*rupa*) y mentales (*arupa*).

En la medida en que se practica intensa y asiduamente, la persona vive directamente y por sí misma la experiencia real del *anicca* o impermanencia.

VIII

Otras
TÉCNICAS

Hay muchos mentores y hay muchas técnicas, todas ellas, obviamente, inspiradas en el Sermón de la Atención y las enseñazas medulares de Buda. Por ejemplo, Buddhadasa, aunque sabía que para muchas personas era necesario seguir un método en concreto, él mismo creía en lo que denominaba el *insight* (intuición) y nos dice:

> En este desarrollo del insight por el método natural no tenemos que alcanzar una concentración profunda y sentarnos con el cuerpo erguido. Más bien apuntamos a una mente calma, estable, tan adecuada para el trabajo que cuando es aplicada a la práctica del insight logra el correcto entendimiento con respecto al mundo entero. El insight así desarrollado es un insight natural, del mismo

tipo que fue alcanzado por algunos individuos mientras estaban sentados escuchando a Buda exponiendo el Dhamma.

Lo que pretenden todos los métodos es ir descubriendo directa y vivencialmente la contundente realidad de la insatisfactoriedad, la impermanencia y la impersonalidad, porque de ese modo se muta la conciencia y surge el conocimiento supraconsciente, que es el que verdaderamente libera del sufrimiento. Hay maestros que trabajan sobre unos u otros agregados o sobre los cinco incluso; maestros que eligen una sección o varias del Sermón de la Atención e insisten preferiblemente sobre ellas. Unos se centran más en la captación de sensaciones táctiles en el cuerpo, y otros en la observación de las percepciones o de los concomitantes mentales; otros a la vez exhortan a sus discípulos a que contemplen tanto las sensaciones como los procesos de la mente. Hay maestros que para el desarrollo de *vipassana* se sirven primordialmente de la contemplación de la respiración, tratando de captar su comienzo, medio y final, tanto de la inhalación como de la exhalación, y desarrollando así la vivencia de la mudabilidad. Otros combinan esa técnica con captar a la vez las irrupciones en la mente de ideas, pensamientos y otros procesos psicomentales. Cuando la respiración se utiliza como soporte no de concentración, sino de *vipassana* —tal como me explicó muy minuciosamente Nyanaponika en uno de nuestros encuentros—, entonces no hay que absorberse en ella, sino observar todo el proceso. También Buddhadasa considera que la respiración es una técnica excelente para desarrollar *vipassana*.

Cualquier soporte corporal o mental puede servir en principio para desarrollar la contemplación arreactiva y cultivar la vivencia de insatisfactoriedad, mudabilidad y ayoidad. De hecho, Achaan Dhammadaro se sirve del momento de una mano y la sensación que comienza por producirse en la palma y Achaan Maha Boowa utiliza la recitación de una palabra como *Buddho* como preliminar; otros maestros invitan a contar las exhalaciones y otros a tomar conciencia de cuándo el aire está dentro o fuera. Hay diversos soportes para conseguir la denominada concentración de acceso y desde ahí dar curso al trabajo meditativo de *vipassana*. Es decir, que tanto varían las técnicas elegidas o soportes de concentración para el *samatha* como los ámbitos de contemplación para la *vipassana*. Una buena mayoría de maestros optan por que el discípulo desarrolle un grado considerable de concentración antes de emprender la práctica de la meditación *vipassana* propiamente dicha, pero otros van directamente al ejercitamiento de la *vipassana*, en tanto que otros insisten mucho más en la necesidad de practicar más a fondo la meditación *samatha*. Otros maestros consideran que los métodos preestablecidos resultan demasiado artificiales y pueden conducir a la rutina (me apuntó Bhikkhu Boddhi a propósito del recorrido del cuerpo de acuerdo con U Ba Khim), y abogan por estar simplemente atento en todo lo que se vive de momento a momento, percatándose de las tres características de la existencia. Achaan Naan, por ejemplo, estima que no hay por qué seguir un método preestablecido y que hay que llevar a cabo la exploración cuerpo-mente en todo momento y circunstancia. También es muy variable la opinión de los maestros en cuanto a cuánto tiempo hay que practicar *samatha* antes de emprender *vipassana*.

Es el maestro tailandés Achaan Cha quien no considera que sea oportuno hacer largas sesiones de meditación, sino estar atento en la vida diaria, y en cambio otros maestros, algunos ya mencionados, recomiendan que se hagan intensivos de meditación que cubran doce o trece horas diarias. Bien hay que entender que un intensivo es eso, y que luego lo que se recomienda, tras realizarlo, es llevar a cabo una o dos sesiones, de una hora aproximada, cada día. Achaan Cha no considera necesaria la práctica de *samatha* salvo para aquellos que tengan esa propensión, y exhorta a vivir cada momento y a examinar y explorar la mente, pero sin recurrir a periodos largos de meditación; esa exploración no debe incurrir en conceptualizaciones ni racionalizaciones.

Es Achaan Maha Boowa quien considera, en cambio, de extraordinaria importancia la meditación *samatha*, que debe ejercitarse a fondo para facilitar luego la contemplación de los procesos que exige la *vipassana*: aconseja la recitación del mantra *Buddho*, *Dhammo* o *Sangho* como preliminar y también la toma de consciencia de la respiración y su repercusión en la región cordial. Obtenido un buen nivel de concentración, se observan las distintas partes del cuerpo, las percepciones y los factores mentales. Por su parte, el maestro birmano Achaan Naeb enfatiza la importancia de conciencia de cada una de las posiciones del cuerpo y los correspondientes estados mentales. El monje Achaan Jumnie, por su lado, no dispone de un método organizado o sistematizado, sino que aplica las técnicas de acuerdo con el carácter y naturaleza de sus discípulos, buscando el método más apropiado para cada practicante.

Acariya Dhammadaro, para que el discípulo comience a captar sensaciones, recomienda mover una de las manos despacio y por intervalos, y fijar la atención en la sensación que el aire produce en el centro de la palma de la mano, para luego extender la concienciación a todo el brazo y a partir de ahí a las diferentes partes del cuerpo.

Hay maestros que comienzan por instar al discípulo a que sienta los contactos más evidentes: nalgas contra el suelo, parpadeo, deglución de la saliva, contacto de la lengua contra los dientes o de una mano sobre la otra, o la ropa sobre el cuerpo...

Volviendo al método de Acariya, éste recomienda que tras sentir la sensación en la mano, se extienda la contemplación al brazo y luego a distintas partes del cuerpo, incluso las cavidades y el menor movimiento, hasta sentir de tal modo que se pueda experimentar la vibración de cada célula. Siguiendo con la práctica asidua, el discípulo aprende a captar en la región del corazón (base de la mente) los estados de ofuscación, avidez y aborrecimiento que surgen y se desvanecen.

Un maestro birmano llamado Taungpulu Sayadaw invitaba a desarrollar la intuición mediante la observación de los treinta y dos elementos constitutivos del ser humano, mientras que el maestro de su mismo país Mogog Sayadaw recomendaba el entendimiento intuitivo (y no conceptual) del Origen Dependiente; para ello se llevan a cabo contemplaciones que permiten finalmente su captación supraconsciente, trabajándose sobre la percepción de los *dhammas*, las bases sensoriales, las percepciones, los factores mentales, etcétera.

Diferentes métodos todos ellos tendentes a facilitar la comprensión intuitiva de las tres características básicas de la existencia y poder así liberar la mente de sus corrupciones y, mediante la visión penetrativa o *vipassana*, irse aproximando a la experiencia nirvánica.

ÍNDICE

Segunda parte. La meditación budista